算数の活動

授業改革の二大論点

算数の活用

全国算数授業研究会［企画・編集］

東洋館出版社

はじめに

　全国算数授業研究会の全国大会が今年で 30 回目を迎えます。

　本会は学習指導要領改訂の節目には，毎回新たな教育課題の方向性について議論し，単行本の形で世に問うてきました。

　その都度「不易であるべきものは何か」さらに「変えていかねばならないことは何か」を現場の目線で確かめ合ってきたのです。

　今回の議論は，数学的活動に関するものです。

　算数的活動と呼ばれていたものが，「数学的活動」に変わることで何が変わるのか，算数を日常に活用するとはどういうことか，様々な研究会で現場の先生方から必ず出てくるこの二大論点に焦点を当てました。

　過去改訂の度に現場が示されたキーワードの解釈に右往左往してきたことの反省を踏まえ，今度こそ現場の教師が自ら積極的に考えていく機会をつくりたいと考え，本会の理事・幹事たちにも，それぞれが個人の視点で論を展開していくことを許しました。示された 30 の提言から読者の先生方が取捨選択し，さらには組み立て直し自分なりの考えをつくってもらうとよいと考えました。

　ただ執筆にあたって，本質を考えていく議論とするために次のような大きな前提にたつことは話し合いました。

　まず，そもそも算数でなぜ活動するのかという目的です。

　従ってあえて書名は算数的活動でもなく，数学的活動でもありません。私たちが子どもたちに取り組ませていきたい「算数の活動」について原点に立ち戻って考えます。もう一つは中央教育審議会の時から，ずっと話題になっていた「活用」の視点です。日常に算数を使うと言うと，短絡的にすぐに買い物の場面などを例にあげる方もありますが，算数はもっと人間の思考の土台育成に大きな役割を果たしていることに言及したいと考えます。学んだことをどのように「活用」していくのか，いやそもそも「活用できる」ように算数を学ばせるにはどう授業を変えていくのか。

　本書がこれからの日本を背負っていく子どもたちの真の人間力を育てる授業改善に役立つことを願ってやみません。

2018年　8月

全国算数授業研究会　会長　田中　博史

CHAPTER 1　算数の活動　その本質に迫る

序文　算数的活動から数学的活動へ
田中 博史　008

ある日の算数の授業で／形式ではなく本質に向き合う

1　算数科における問題発見・解決の過程で資質・能力の育成を目指す　小松 信哉　012

算数的活動で大切にしてきたこと／数学的に考える資質・能力の育成を目指す「数学的な見方・考え方」／数学的に考える資質・能力の育成を目指す「数学的活動」

2　「数学的活動」に潜む2つの矛盾を読み解く
山本 良和　016

「数学」という言葉に潜む矛盾／「数学的活動を通して」に潜む矛盾

3　どっぷりと丁寧に浸らせたい数学的活動
間嶋 哲　020

数学的な見方・考え方を育む数学的活動／よい算数授業に共通する活動の丁寧さ／数学的活動が真の理解を促す

4　式を使って伝えたくなる活動を
工藤 克己　024

思考をどう引き出すかをプランニングする／見せ方を変えるだけで思考は変化する／式を使って説明したくなる

5　数学的な見方・考え方を育てる数学的活動
永田 美奈子　028

「表現し，伝え合う」数学的活動／どうして2つの色を使うの？／見方（視点）を変えると／数学的な見方・考え方を育てるために

6　「解ける子」から「創る子」へ
加固 希支男　032

「創る子」を育てる意義／「考え方のつながり」と「発想の源」を意識して「創る子」を育てる／「算数ってなんで勉強するの？」について，考えていく

7　学び合いの過程で高め合う数学的活動
宮本 博規　036

「活動」について振り返る／「算数的活動」から「数学的活動」へ／学び合いの過程で高め合う数学的活動とは

8 数学の問題を見いだす仕掛けが本質に迫る　　　尾﨑 正彦　**040**

これは数学的活動？／算数的活動の失敗を繰り返さない／数学の問題を見いだす仕掛け／理由を問い数学の本質に迫る

9 子どもの活動の中から算数の考えを見いだし，共有していく算数授業　中田 寿幸　**044**

活動の中に，算数の考えを見いだす／子どもは手を使って活動する中で考える

10 式の見方・扱い方　　　江橋 直治　**048**

式を使った数学的活動／算数語としての式

11 主語が「子供」の活動にするために　　　樋口 万太郎　**052**

数学的活動と名称が変わっても／算数的活動の誤解が再生産される恐さ／主語が「子供」の活動にするためには

12 活動と授業構成を「数学的」にする　　　中村 潤一郎　**056**

活動とは何か／「数学的」が意味すること／拡張的・発展的に進める

13 問題の発見と発展を促す数学的活動　　　盛山 隆雄　**060**

問題解決のプロセスが数学的活動／問題を見いだす子ども

14 本質を理解する「操作図」表現　　　藤本 邦昭　**064**

表現活動重視の流れ／解決過程も扱う／数学的表現方法を育てる／結果図より操作図

15 解決に近づくための試行錯誤を楽しむ　　　夏坂 哲志　**068**

少し先を見ようとすること／修正しながら正解に近づいていく

CHAPTER 2　算数の活用　その能力を拓く

序文　日常の問題から生まれ，生活や学習に活きる算数　　　柳瀬 泰　**074**

算数を活用する態度を養う／算数を全ての教科等の学習に活用する／社会の変化に活用できる数学的な態度の育成

1　現実の世界と算数の世界の往復　　　前田 一誠　**078**

「計算＝求答」からの脱却／現実の世界と算数の世界の往復（変換）によって活用力を育む

2　「算数を見つける力」を育てることが大切　　　森本 隆史　**082**

日常生活の中に「算数」を見つける／子どもの言葉から「算数」を見つける

3　日常の事象をもっと思考する教材，授業を考える　　　平川 賢　**086**

"本当に"日常に即している教材とは／どうやって日常に即した教材を開発するか

4　自分が納得できる答えを選び取る力を育む　　　岡田 紘子　**090**

根拠をもって「意思決定」する／１年実践「かずをせいりして」

5　「数学的な見方・考え方」を柔軟に活用して問題解決に立ち向かう　大野 桂　**094**

単位の考え方を活用し"仮定する"／「単位の考え」を適用する／「単位の考え」を加法へと活用／再度，「単位の考え」を問題解決へと活用する

6　写真を使った算数を役立てる授業　　　山田 剛史　**098**

「算数は役立つ」という実感を大切にする／野鳥の全長を知る２つの実践／算数だからこそ，日常で役立てながら学ぶ

7　子どもの中の算数を育む　　　毛利 元一　**102**

子どもの中の算数／内容から見方・考え方へ／算数特有の見方・考え方を育む

8　子どもがよく飲む飲料水に目を向けて　　　佐藤 純一　**106**

ジュースの中の砂糖の量を調べる／他のジュースも調べてみたい／砂糖の量を調べる活動では／子どもたちが調べた結果／自ら動き出した子どもたち

9 **よりよく解決することを追い求めて** 中村 浩司 **110**

活用の第一歩は既習から未習を見いだすこと／統合的にみることで活用の幅を拡げる／算数的な視点で日常の事象を捉えなおす

10 **「子どもたちの中の算数を引き出す」ことが「活用できる算数」へのはじめの一歩** 千々岩 芳朗 **114**

日常生活で算数を活用するということ／「算数的感覚」を算数のテーブルにのせる／子どもたちの日常に「算数」を戻す

11 **子どもが算数の学びを活用するとは** 尾崎 伸宏 **118**

既習を活用する意識を育てる／算数の既習を活用する 6年「円の面積」／教科横断的に算数の学びを活用する／生活の中で，算数の学びを活用する

12 **ものごとを整理して考えるための資質・能力を育むための活動とは** 熊谷 純 **122**

実際に活動して調べる活動を通して／思考で調べていくための準備／思考しながら整理して考える活動へ／例外を通して

13 **活かされている場面を基に，授業を創る** 志田 倫明 **126**

算数を問題解決に活かしている場面を探す／算数を活かす時に必要なポイントを考える／「算数を活かす」力を育成する授業

14 **数の力を活用する** 直海 知子 **130**

数字は言葉よりも雄弁である／6秒に1本売れたシャンプーはすごいのか？／委員会活動で数のマジックを活用しよう

15 **日常生活と算数授業の共通点** 河内 麻衣子 **134**

大縄飛び大会から見えてきた算数／子供たちに迫っている社会的な状況／算数で身につけていくには？

算数の活動 その本質に迫る

CHAPTER 1

算数の活動

算数的活動から数学的活動へ
しかし，変えるべきものは実は活動にあらず

筑波大学附属小学校　田中博史

1　ある日の算数の授業で

　5年生との授業。ある日，「3つの辺の長さがわかっていれば合同な三角形がかけることは知っているよね」と告げて二辺の場合を考える授業に入ろうとしたら，A男がにこにこしながら「またまた，先生，ひっかけようとして……」と言い出してその日の授業は一変。
　「え？」と私。A男は「3つの辺の長さのわかっていてもその位置が決まっていないから，いろいろな三角形ができるに決まってるでしょ。ひっかからないからね」と余裕の表情。普段から私がいろいろな仕掛けをしていたのがこうした子どもの状態を生んでしまったらしい。でも多くの子が「そんなことはない」と言って修正してくれようとした。しかしA男はひるまない。彼はフランスの国旗のような図形を黒板にかいて，「ほら，この時も使う色は3つだけど場所が違うと旗の種類が変わる」と言い出して，やや教室の空気が変わる。聞いている子の多くは，旗の3つの長方形に色を塗る場合のように6種類も三角形は
できないと感覚的にはわかっているのだけど，もしかしたら複数通りはあるのかも……と何となく不安そうな表情になってしまった。
　やはりここは実際にノートに書いてみることが必要みたいだ。
　それぞれが疑心暗鬼で三角形をいろいろかいてみて，やっと安心した。
　「やっぱりちゃんと1通りだけになる」「そう，向きが変わって見た目が違うようだけど，ひっくり返したり回転すればみんな同じ」と多くの子どもがにこにこしていた。

しかし，先ほど国旗を書いた子が納得しない。どうして旗の時は6通りもできるのか。色のところに長さの数字を書けば同じはず。いったい何が違うのと言い出して面白くなる。確かに何が違うのだろうと言われるとうまく説明できない。するとB子が国旗を用紙に書いて，その紙を筒のようにして端と端をセロテープでとめて，「ほらこうすると，同じでしょ」と言う。
　「どの色をスタートにするかによって，旗の種類は変わるけど三角形はこの筒のようにつながっているから，くるくると回せばどれも同じことがわかる」
　うまい説明だと思うが，子どもの言葉なのでなかなか全員にその意図が伝わらない。数人が「なるほど」と感心してはいるが，この筒の話と三角形がどう関係するのか，わからないという子が出てくる。
　ところが今度は，聞いていたA男本人が「そうか。わかった」と言って，筒になった国旗を色の境目の場所で折り目をつけて図のようにして見せた。こうして横から見ると，ほら三角形の話と同じだと納得。これでやっと聞いていた多くの子どもが二つの話を結びつけることができて「おー，わかりやすい」と感動の声と拍手が起きる。
　振り返ると，たった一人の子の発言からクラスの方の子どもも揺さぶられ，不安だったことをノートに書いてみて確かめようしたところが，まずいいなと思った。続いて生活の中で見ていた旗の種類の話と三角形の話を結びつけていく活動が子ども同士の対話によって実現していく時間がいい。彼らの表情の変化から体験と思考が必然的に結びついた時の実感が実によく見えた。素敵な時間だった。

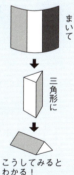

2　形式ではなく本質に向き合う

　これが，算数的活動だろうか，数学的活動だろうかと議論しても仕方ないのは誰でもわかるだろう。そもそも私は今回の改訂で，算数的活動から数学的活動へと呼び方は変わったけれども目指すところはこれまでと実はまった

CHAPTER 1　算数の活動　その本質に迫る

く変わっていないと考えている。

　このようにしてキーワードを変えざるを得なかったことが過去にも教育界には節目ごとに起きていた。たとえばかつて「操作活動」を期待したときも，10年たって「思考実験」を取り入れようとした時も同じような問題が起きていた。いつの時代も目的を自ら考えようとしない受け身の方によって表面上の形式だけがなぞられて目指す本質の改革ができないでいたのである。

　昭和55年の学習指導要領に「操作活動」という文言が登場したとき，特に低学年が対象だったこともあり，当時はただ子どもたちがモノを使って動いていればいいという短絡的な理解による授業が現場にたくさん見られた。私は昭和57年から教師をしているが，当時，どの研究会でも必ず「操作」が話題になり，「これでは操作ではなく作業ではないか」という指摘が毎回繰り返されていたのを鮮明に覚えている。この時も子どもは指示されたことをしているだけであり，彼ら自身が考えていないという指摘だった。平成元年には「思考実験」という文言が登場したのもこうした反省からだった。

　だが当時から「操作活動」にはちゃんと目的があり，概念や原理，法則の理解の助けとなっているか，判断や説明の根拠になっているか等……と6つの視点をあげられていた。にも関わらず目的に合った活動がなかなか実現できていなかったのはなぜか。

　未だに算数の学びというと，「今は辛いけどいずれ大きくなったら役に立つからしっかりと繰り返しやりなさい」「てっとり早く公式を覚えて何度も使えばわかる」といった価値観の方が教師の中に多い。自らが考えることを楽しんだことがないから，子どもたちにその境地を伝えられない。その典型が今回の授業改革において「めあてを書いたか」，「まとめを書いたか」とまるで判で押したかのような指導が全国の地域でまかり通っていることである。この視点が，学力テストのアンケート項目にあるからだとしたら，教師の問題解決力が地に落ちている証である。これから，向き合う教育改革は，大人の問題解決である。先ほどの子どもたちのようにひとつの問題の解決に悩ん

算数の活動

だり戸惑ったりすること自体を楽しいと感じ，それを共有する仲間と議論しあって創りあげていくことを大人もぜひ味わってもらいたい。大人も子どもも学びにとってもっとも大切なのは，いかに自らの問題意識を熟成させるかである。ここを他人任せにしてしまっているかぎりは活動の目的を自分で考えることはできない。

　実は先ほどの操作活動の視点の中に，興味深いものが6番目にあった。

　「操作活動そのものが学習内容になっている場合」という記述がそれである。本会の二代目会長の正木氏が口癖のように言っていた「活動そのものが目的」の授業づくりは当時から大切なこととしてあげられていた。今でも活動は手段か，それとも活動そのものが目的かという議論はあるけれど，学習内容によってはその両方が存在していいと考える。別の視点で数学的な活動にも外的な活動と内的な活動があるとよく言われているが，これらも明確に区別されるものではなく相互に補いながら，時には循環しながら子どもたちの認識の手助けになっていく。これも子どもたちに学ばせたいことによって使い分ける力が教師に必要になる。

　人の学びは「もともと知っていることの再確認である」という言葉があるように，子どもの学びは体験のまったくない土台の上では効果があがらないと言われている。もしもこちらの視点に立って活動を仕組むなら，不足している体験を補うことが目的なので，価値づけは活動の後でいい。活動の中で無意識に用いられている思考や言葉を引き出し，それをリアルタイムで子どもたちに意識づけたいなら活動の途中がいい。

　つまり子どもの実態に応じて，教師の目的は変わり，活動の仕組み方も変わるのである。子どもたちに思考力，表現力，判断力を求めているけれども，実は授業の中で，教師が子どもと向き合う時に，懸命に思考し，判断していかねばならないのである。その連続的活動が実は子どもたちと行う「対話」そのものだと考えると授業中は大人も脳みそに汗をかく。

　私たち教師の資質・能力が試される時代がいよいよ始まる。

CHAPTER 1　算数の活動　その本質に迫る

算数の活動 1

算数科における問題発見・解決の過程で資質・能力の育成を目指す
―教師が教えたいことはすでに子どもの中にある―

福島県教育庁義務教育課　小松 信哉

1　算数的活動で大切にしてきたこと

　小学校学習指導要領解説算数編（平成 20 年 8 月）において，「算数的活動」とは，「児童が目的意識をもって主体的に取り組む算数にかかわりのある様々な活動」を意味し，「目的意識をもって主体的に取り組む」とは，「新たな性質や考え方を見いだそうとしたり，具体的な課題を解決しようとしたりすることである」と規定されている。

　つまり，算数的活動は，児童の目的意識の基に遂行される活動，言い換えれば，児童の「問い」を基軸として展開される活動であった。

　このことは，授業の中で子どもの「問い」が変容し，それに伴って新たな活動が連動して生起することが授業であったことを意味すると考えられる。

　例えば，「量と測定」領域で，長さや面積などの学習場面で考えてみる。

　T：どちらが長い（広い）でしょうか。

　教師が「比べる活動」を設定する。この段階で子どもはまだ「問い」をもっていない。先生に「比べなさい」と言われて比べているだけである。その後，直接比較や間接比較を通して，どちらが長い（広い）かが分かったとする。分かった後，子どもがどのような「問い」をもつのかが重要である。その「問い」を見逃さず価値付けることが教師の重要な役目となる。

　C：このくらい長い（広い）。（手を広げている仕草も見取る）

　T：○○さん，今何をしているの？

　子どもの動きから，その背景にある数学的に価値ある「問い」を見取り，問い返して意識化し，全体で共有することで「焦点化された問題」とするこ

とが重要である。子どもたちの中に「どのくらい長い（広い）か調べてみたい，調べてみよう」といった心の動きが生じる。「調べる活動」へと活動が変容する。

　調べるために，単位となる量を「決める，創る活動」が生じる。そして，「○○の△△分，こっちが長い（広い）」という「表す活動」へと更に変容していく。子どもの「問い」を基軸として活動が小刻みに変容していくことが，授業のプロセスそのものである。

　子どもの「問い」を基軸として「活動が変容していく」という捉えが重要であった。この精神は，小学校学習指導要領（平成29年告示）解説算数編（平成29年7月）の「数学的活動」「主体的・対話的で深い学び」に継承されていると考える。

2　数学的に考える資質・能力の育成を目指す 「数学的な見方・考え方」

　小学校学習指導要領（平成29年告示）解説算数編（平成29年7月）に，今回の改訂の趣旨及び要点が述べられている。

　「算数科の学習における数学的な見方・考え方」については，「事象を数量や図形及びそれらの関係などに着目して捉え，根拠を基に筋道立てて考え，統合的・発展的に考えること」とし，子ども自らが，数学的な見方・考え方を「働かせる」ことで，資質・能力を育むことが重要であると規定されている。

　教師が「ここに目を付けてください」「○○のように考えると問題解決ができますよ」などと，目の付け所やアイディア・発想，考え方を示して子どもが問題を解決したとしても，それは，子ども自らが数学的な見方・考え方を働かせたことにはならず，数学的に考える資質・能力を育成する授業にはなりにくいということである。

　子どもが考えたことや説明している内容を丁寧に見取り，「○○さんは，ここに目を付けているんだね」「いいところに目を付けたね」「すてきなアイ

CHAPTER 1　算数の活動　その本質に迫る

ディアだね」「よい考え方だね。どうしてそのように考えたの」などと、子どもが無意識に着目している視点や考え方を教師が見取り、問い返したり、価値付けたりすることで意識化させることが重要である。

3　数学的に考える資質・能力の育成を目指す「数学的活動」

　「算数的活動」が「数学的活動」と変更された。数学的に考える資質・能力を育成するためには、学習過程の果たす役割が極めて重要であるという考え方からである。また、小・中・高等学校を通じて、児童・生徒が、数学的な見方・考え方を働かせて数学的活動に取り組み、数学的活動を通して資質・能力を育成することが重要であるという考え方からでもある。

　そして、次の図が、算数・数学の問題発見・解決のプロセスとして示された。

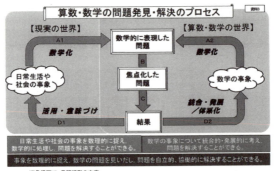

　問題発見・解決のプロセスは、子どもの「問い」を基軸として展開されることが重要である。

　例えば、次のような子どもの「問い」が考えられる。

○【日常生活や社会の事象】から【数学的に表現した問題】へ
　・〜のかわりに〜を調べればよいのではないか。
　・つまり，〜を考えればよいのではないか。　　など
○【数学の事象】から【数学的に表現した問題】へ
　・きっと〜になるのではないか。
　・なんとなくきまりがありそうだ。
　・前の学習とはここが違う。　　など
○【数学的に表現した問題】から【焦点化した問題】へ
　・あれ？なぜ？どちらかな？どうすればよいのかな？
　・だったら，〜の場合はどうかな。
　・習ったことを使うためにはどうすればよいのかな。　　など
○【焦点化した問題】から【結果】へ
　・習ったことを使えば，〜のように考えられた。
　・きまりを見つけた。ほかの場合でも同じきまりが見つかるかな。
　・「〜だから〜になる」と正しく説明できたかな。　　など
○【結果】から【日常生活や社会の事象】へ
　・求めた数値はどんな意味を表しているのか。
　・結果は間違っていないか。
　・ほかにも似たような場面はないか。　　など
○【結果】から【数学の事象】へ
　・だったら〜の場合はどうかな。
　・似ているところ，同じところはないかな。
　・いつでも言えるのかな。
　・もっと簡単に，もっとわかりやすく説明できないかな。　　など

　算数・数学の問題発見・解決のプロセスは，型を示したものではなく，柔軟に，かつ子どもの思考過程に寄り添いながら展開していくことが重要である。また，一時間の授業でプロセスの全てを必ずたどる必要はなく，単元など内容や時間のまとまりを見通して展開していくことも重要である。教師が教えたいことはすでに子どもの中にあり，それを「問い」として引き出し，価値付けながら授業を展開していくことが重要である。

CHAPTER 1　算数の活動　その本質に迫る

算数の活動 2

「数学的活動」に潜む
2つの矛盾を読み解く

筑波大学附属小学校　山本　良和

1　「数学」という言葉に潜む矛盾

　「数学的な見方・考え方を働かせ，数学的活動を通して，数学的に考える資質・能力を次のとおり育成することを目指す……」新学習指導要領の算数科の目標の書き出しである。「算数的活動を通して……」で始まる現行の学習指導要領と比べて「活動」を修飾する言葉の変化が目につく。新学習指導要領では数学的活動以外にも「数学」という言葉がやたらと多く使われている。目標に限ってみると，「算数」という言葉は1か所しか見られない。これまで以上に数学の系統を意識した学習が算数にも求められているのであろう。しかしそれは，算数という言葉の概念を否定しているようにも見える。数学と算数，言葉が違うからにはこれらの概念も異なる。「算数」は，子どもの生活場面に存在する数理的な事象を子どもが認識していく過程を子ども目線で構成していくところに価値がある。一方の「数学」は一つの学問である。学問だから，当然，体系化されている。小学校の教育課程で「数学」という言葉を用いる意味を考えたとき，学問としての系統をもとに小学校段階ではこれをやっておくべきという上意下達的な印象を受ける。たとえ子どもの発達段階を考慮して設定されたとしても，「数学」という学問の都合によって小学校における学習内容をきめたとするならば，その学習内容は子どもにとっては自分の外にあるものであり，周りから「与えられるもの」となってしまう。扱い方次第では，具体的な事象の中に数理的に共通することを自分自身で見つける，あるいはきまりの存在に気づきその理由を考えてみようとする…というように子ども自らが算数に立ち向かい，算数を創ってい

算数の活動 2

016

こうとする情意や態度を疎かにしてしまう。この情意や態度は所謂資質・能力の一つであるから，「数学」という言葉を多用する新学習指導要領に表記されている「数学的に考える資質・能力を育成する」ということに矛盾を感じざるを得ない。

　つまり，これまでの算数的活動でも，それを「児童が目的意識をもって主体的に取り組む算数に関わりのある様々な活動」と捉えていたように，新学習指導要領で目指す「数学的に考える資質・能力」も育んできていたはずなのである。ただ，実際に行われてきた算数授業では「数学的に考える資質・能力」の育成という点で十分な成果を得られていなかったのかもしれない。新学習指導要領で多用される「数学」という表記をそのまま安易に捉えるのではなく，逆に「数学」という表記を通して「算数」の精神について改めてしっかり考えることを大事にしたいものである。

2　「数学的活動を通して」に潜む矛盾

　「数学的活動とは，事象を数理的に捉えて，算数の問題をみいだし，問題を自立的，協働的に解決する過程を遂行することである」

　これは『小学校学習指導要領（平成 29 年告示）解説算数編』の算数科の目標の解説場面で，特に，「数学的活動を通して」に関する解説の書き出しに書かれている内容である。新学習指導要領の目標には「数学的活動を通して」という文言があるが，これは「算数的活動を通して……」の書き出しで始まる現行の学習指導要領の目標と照らし合わせてみると，どちらも「〜を通して」とあるように算数科の目標を達成するための手段・方法として位置付けられているという点では共通している。ただし，「数学的活動」，「算数的活動」という言葉が違う。表面的には同じように思えてしまうが，私はこれら 2 つは全く異なるものだと捉えている。

　前述のように，算数は生活場面に存在する数理的な事象を子どもが認識していく過程を子ども目線で構成していく学びである。現行の算数的活動は，

子どもが自分の目的意識に従って生活場面に存在する数理的な事象に取り組んでいく様々な活動を意味し，子どもの主体性や活動そのものを前提としている。そこでは，子どもが活動した過程や結果を直接的に数学につなげていく効率のよさは重視されていない。大事にされるのは子どもが行う活動それ自体である。だから教師は，子どもが「やってみたい」と思ったことをやれる場を用意する。そして，いざやってみるとうまくいかなくて失敗する，あるいは自分の思いを達成するために試行錯誤する，逆に予想通りうまくいった等，こういった子どもの体験を保障しようと工夫する。このように「算数的活動」は子どもの学びの前提となるものであり，まさに「算数的活動を通して」という手段・方法になり得たのである。

ところが，新学習指導要領に示された「数学的活動」を手段・方法と捉えると矛盾を覚える。その理由は，新学習指導要領の目標そのものにある。算数科の目標には，数学的活動を通して次のような数学的に考える資質・能力（要約）を育成すると記されている。

(1) 数量や図形などについての基礎的・基本的な概念や性質などの理解，数理的に処理する技能

(2) 筋道を立てて考察する力，統合・発展的に考察する力，簡潔・明瞭・的確に表したり目的に応じて柔軟に表したりする力

(3) 数学的な活動の楽しさや数学のよさ，よりよく問題解決しようとする態度，生活や学習に活用しようとする態度

ところで，前述のように，「数学的活動とは，事象を数理的に捉えて，算数の問題をみいだし，問題を自立的，協働的に解決する過程を遂行すること」と示されている。もし，この「数学的活動」が手段・方法であるならば，「数学的活動」を手段として用いることができる子どもとはどんな子どもなのだろうか。それは，最初から「事象を数理的に捉えられる」子どもであり，最初から「算数の問題をみいだせる」子どもでもあり，そして「問題を自立的，協働的に解決する過程を遂行できる」子どもだということになる。つま

り，これが算数科の目標を達成するための前提となる子ども像だということになるわけだが，そんな子どもがいるだろうか。否，最初からそんな子どもがいるはずがない。だからこそ算数の授業を通して教育をしているのである。さらに言えば，解説に示された「数学的活動」ができる子どもは，既に（1）〜（3）の数学的に考える資質・能力も持ち合わせていることになる。「数学的活動」自体が，知識・技能，見方・考え方，態度を備えていなければ実現できない概念だということである。だからこそ「数学的活動」は単なる手段・方法ではない。逆に，我々は「数学的活動」を自ら実現できる子どもを育てることを目指していると考えたい。算数教育の目的を表した言葉が「数学的活動」だと考えた方がすっきりする。そう考えれば，「数学的活動」の文言は，目の前にいる具体的な子どもの姿を評価する指標にも見えてくる。

　このように「数学的活動を通して」という文言が抱える矛盾を意識して授業に臨む教師と意識せずに授業に臨む教師では，当然，具体化される授業も変わってくる。特に「数学的活動を通して」を単なる手段・方法と捉える教師の中には，「数学的活動」を子どもに<u>させよう</u>とする可能性もある。「数学」という言葉を意識した教師が，「数学」としての価値を大人目線から押し付けてしまうということである。これでは，子どもの学びは受け身になってしまい，決して数学的に考える資質・能力は育たない。大事なことは，我々小学校教師が指導しているのは「数学」ではなく「算数」だということである。算数の授業は，子どもが算数を創っていく中で数学的な価値を見出すものである。数学的に考える資質・能力を育むためには，今まで以上に子どもの算数的な特性に対する理解が求められる。つまり，子どもはどのような数理的事象に興味・関心を持つのか，具体的な教材をどのように捉えようとするか，自分とは異なる友達の考えをどのように認識しようとするのか……，算数の授業で見られる子どもの姿や活動を子ども目線で捉えようとする姿勢が，我々算数教師には求められている。くれぐれも本末転倒の授業が増えないことを切に願う。

CHAPTER 1　算数の活動　その本質に迫る

算数の活動 3

どっぷりと丁寧に浸らせたい
数学的活動

新潟市立新津第三小学校　間嶋 哲

1　数学的な見方・考え方を育む数学的活動

　似たようなコトなのに，それぞれに名前がついているのは，そこに何らか
の違いがあるからである。算数的活動と数学的活動も同様である。平成 20
年版の学習指導要領では，平成 10 年から言葉としては用いられていた算数
的活動と数学的活動を，初めて次のように定義した。

> ・算数的活動とは，児童が目的意識をもって主体的に取り組む算数に関わり
> のある様々な活動を意味している。
> ・数学的活動とは，生徒が目的意識をもって主体的に取り組む数学に関わり
> のある様々な営みを意味している。

　このように一緒に並べると，児童と生徒，算数と数学という言葉を除けば，
違いはたった一つであることがわかる。活動か，営みかだけである。「営み
とは何だ？」と数学の学習指導要領解説を熟読すると，どうやら「営み」が
「活動」より多少包括的なものであることは理解できるが，どうも釈然とし
ないまま，あっという間に 10 年が過ぎた。

　今回，周知のとおり数学的活動に統一された。このことは，算数でも数学
でも，子どもの発達の差による違いはあれども，算数・数学が目指す方向性
として本質的な違いはなく，数学的な見方や考え方を連続的に育むためには，
充実した活動が不可欠であるという捉えである。育てたい資質・能力を考慮
すれば，一つの言葉に統一されたことは，当然の帰結であったともいえる。

　説明を一方的に聞くだけ，定義を復唱し丸暗記するだけ，計算方法を覚え

繰り返し練習するだけの，時代遅れで陳腐な算数・数学授業に対してのアンチテーゼである。言うまでもなく，これらは数学的活動ではない。

2　よい算数授業に共通する活動の丁寧さ

　若い頃から，ずっと考え続けてきたことがある。次のことである。

> 私たちが目指している算数授業は，普通の算数授業と何が違うのか。

　ここでいう「私たち」とは，全国算数授業研究会に関わったすべての人である。これまで数多く公開されてきた算数授業には，名人芸的な授業もあれば，様々な課題が噴出した授業もあった。ただどちらにしても，根底を貫く算数授業観は，ほとんど同じであったと思う。一方，日常的に目にする「普通の算数授業」には，まだまだ何かが足りていないように感じる。

　一番の違いは，一体何なのだろうか。教材のユニークさだろうか。子どもの見取りだろうか。それとも，つぶやきに対する教師の反応だろうか。どれも一理あるとは思うものの，私が考える一番の違いは「活動の丁寧さ」である。「えっ，そんなことまで一人一人にやらせるの？」と思ったことが，私には数多くある。大人や教師の論理からすると，「その確認は，しなくてよいのでは？」と思うようなことでも，あえてさせてみる。日常的な算数授業では，すっと素通りするような場面であっても，しつこく活動に教師が付き合う光景である。丁寧に活動させるからこそ，その過程で個々の子どもが抱える何らかの分からなさや捉えの違いが露呈する。そして，その露呈されたものを上手に紡ぎ，ねらいに到達させる授業こそが，私たちが目指してきた算数授業だったように感じている。

　それでは，どのような丁寧さが必要なのか，以下に具体例を挙げる。

①頭でイメージできるようになるまで，数学的活動に浸る

　数学的活動，特に実際に手を使って操作する（例えばハンズ・オン・マス）ことのよさは何だろうか。それを知りたくて，かつて，いわゆる自力解決の時間をたっぷりとり，とことん活動に浸らせたことがある。

CHAPTER 1　算数の活動　その本質に迫る

5年生の面積の学習で，平行四辺形の等積変形から始まり，三角形の等積変形や倍積変形，切断などを，紙とはさみを使い，思う存分させた。その後，台形の求積場面でも同じことをさせようと考えていると，「もうやってみなくても，頭の中で組み立てられる」と，多くの子どもがつぶやくようになった。「本当？」と聞くと，ほとんどの子どもが，プリントに変形前の台形と，変形後の図形を自由にサラサラとかくのである。自分がイメージしたことを，念頭でもできるようになった瞬間であると思った。

　授業は，工業製品を作るベルトコンベアのようにはいかない。一人一人の子どもの理解の仕方が様々だからである。教師の眼から見れば当たり前のことでも，やってみて様々体験しなければ理解できないことが，山ほどある。

②本当にそうなるのか，既習知識で試す

　4年生で，様々な四角形を扱っていたときのこと。マス目ノートに，「ドットをつないで，台形をかいてごらん」と指示した。すると，右のような図形をかいた子どもがいた。教師目線で考えれば，この図形が，台形ではないことは明らかである。とっさに，

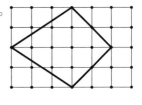

「この図形は台形かな？」と全員に聞くと，反応はだいたい半々にわかれた。

　決着をつける方法は，ただ一つである。実際に自分のノートにかき，平行か平行でないのか二枚の三角定規を使って調べる方法である。やってみれば，ほんのわずかだが，向かい合う辺が平行ではないことが，眼で見て分かる。この活動は，既習である平行の学習の復習にもなり，さらには三角定規を使う技能の定着にもつながる。

③自分の分かり方を，自分なりの言葉で表す

　ところで前述した事例は，最終的には，見ただけで「平行ではない」と判断できる感覚も身に付けてほしい。そのために必要なステップが，言葉による表現である。「なぜ，平行でないことが，ぱっと見てわかるの？」と聞くと，子どもらしい素直な表現が表出してくる。

ある子どもは，「平行ならば，同じ分だけマスをとっているはず。だから，この図形は台形ではない」と主張した。子どもらしい素敵な言葉だ。こういう言葉が生まれたときこそ，その言葉のまま板書し，みんなで共有したい。

　子どもらしい素直で素朴な表現が，どの程度，授業の中で生み出せるか。そして，それを果敢に取り上げ，みんなに広げられるか，これらがその教師の実力（キャッチ＆レスポンス能力）である。教科書に載るような洗練された表現ではなくとも，荒削りな表現こそが，その子の分かり方を，私たち教師や他の子どもにダイレクトに伝える力をもっている。

3　数学的活動が真の理解を促す

　平成30年度の全国学力・学習状況調査，一学年130人以上いる我が校で，正答率が低かった算数Aの問題が，7 (1)であった。円周率を求める式を，4つの選択肢から選ぶ問題であった。正答である「円周の長さ÷直径の長さ」を選ぶだけの問題なのに，正答率は40％程度だった。「円周の長さ×直径の長さ」を選択した子どもが40％程度いた。おそらく，「円周＝直径×3.14」という公式だけが，頭にあった子どもと考えられる。算数の本質さえわかっていれば，この問題は明らかにボーナス問題である。しかし，現実にはそうならない当校の実態（おそらく全国的にも）が，残念ながらある。

　似たようなことは，算数の研修会や授業でも見られる。「円周率って何？」と問うと，考え込んだり答えに詰まってしまったりする光景がよく見られる。一方，「円周を直径で割ったときの値」とか，「直径を1と考えたときの，円周の割合」などと，すぐに正しく答えられる教師や子どももいる。それでは，彼ら彼女たちは，ただ教科書のまとめ部分を丸暗記していたのだろうか。決してそんなことはない。おそらく，学習の過程でイメージを念頭で創り上げるまでになり，さらには，自分なりの言葉に置き換えて理解を図ってきたからに違いない。活動に浸らせた上で，丁寧に確かめたり言葉を紡いだりする数学的活動が，真の理解を促し，数学的な見方や考え方を育むのである。

CHAPTER 1　算数の活動　その本質に迫る

算数の活動 4

式を使って伝えたくなる活動を

青森県東北町立甲地小学校　工藤　克己

1　思考をどう引き出すかプランニングする

　今度の学習指導要領が「算数的活動」を「数学的活動」に変えた背景には，活動の質を高めようというねらいが感じ取れる。つまりは，「数学的活動」を通して望ましい思考活動を引き出し，子どもたちの数学的思考力を高めていこうというものである。

　「式の見方・扱い方」に関して，望ましい思考活動とはどのようなものか。式は数学の言語であり，言語は思考を明確に表出したり，整理したりするためのツールである。大事なのは，子どもたちが，式を使って何かを伝えたいと思う状態になることである。主体的に考えたことを式に表したり，式について考えようとしているとき，そこに望ましい思考活動が行われていると思うのである。

　だが，単に数学的な活動をしたからといって，必ずしもそのような思考が引き出されるとは限らない。大事なのは，活動から思考を引き出すまでのプランニングを授業者が綿密に行うことではないかと思う。

2　見せ方を変えるだけで思考は変化する

次のような正方形の並びを示し，正方形の数が幾つあるかを問う。

このとき，並びの図をプリントにして子どもたちに渡せば，一つずつ正方形を数えてしまう子が出てくるだろう。「式の見方・扱い方」を授業のテーマとしたとき，ぜひ子ども側から式を引き出したい。そのためには，この正方形の並びに子どもたち自身が景色を見い出すことが必要となる。

例えば，並びを一瞬だけ示し，あとは隠してしまうとどのような反応を示すだろう。一瞬だと全体の数などわかるはずもない。しかし，正方形が上から階段のように増えていたのはわかる。一番上に正方形が1個乗っかっていたのも頭に残っている。両側に1個ずつ増えて下の段に連なっていたことを指摘する子もいるだろう。一瞬の提示だけでも，話し合いから「1＋3＋5＋7＋9＝25」という式を見い出すことができそうである。

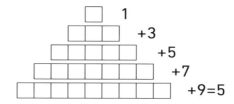

並びを横から見た子がいたとしたら表される式もまた変わってくる。

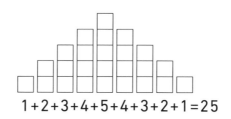

正方形の並びをどのように見たか，それぞれに見える並びの景色がそのまま式として表現されることになる。

次に，この並びを改めてじっくり見せる。すると，子どもたちは，もっと別な式を見出すことができないか考え，正方形を動かし始める。例えば，次

のようにすると，3個の並びがたくさんできることに気づく。3×8+1=25という式ができる。

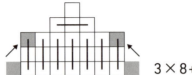

こうなると，もっと数を揃えてみたくなる。下のようにすると，5個の並びで揃えることができた。ちょっとした発見である。

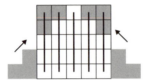

このように，問題提示の仕方次第で，子どもたちの活動の様相が変わってくると同時に，その思考にも違いが現れてくるのである。

3　式を使って説明したくなる

もう一つ，問題提示の仕方について触れて見たい。子どもたちにとっては少し難しい「逆思考」が必要とされる問題である。

> たかしさんが買い物をしました。
> まず，1さつ40円のノートを6さつ買いました。
> 次に，100円のジュースを1本買いました。
> 代金は全部で940円になりました。

上のような文章を子どもたちに提示する。何人かの子どもから「おかし

い」という声があがる。その反応を期待し，あえて誤りのある状況を示したのである。

「代金が間違っている」という子どもたちに対し，「そうかな？　間違っているかな？」ととぼけて見せると，誤りについて式で説明し出す。

「ノート6さつの代金は40×6=240で240円になる。それに100円を足すと，240＋100=340円で，代金は940円にならない」

なるほどと頷きながら，文章がおかしいことは認める。

「みんなが言う通り，この文章はおかしいね。でも，おかしいのは代金ではなく，ノート1冊の値段なんだよなあ」と告げるのである。そして，子どもたちに「正しいノートの値段が1冊何円かわかるかな？」と問いかける。

正しい値段は？

> たかしさんが買い物をしました。
> まず，1さつ ~~80~~ 円のノートを6さつ買いました。
> 次に，100円のジュースを1本買いました。
> 代金は全部で940円になりました。

先程は，まずノート6冊の代金を求め，そこに100円のジュースの代金を足した。いわゆる順思考で求答したわけである。ノートの値段を求めるには先程の手順の逆を辿れば良いことはある程度容易に気づかせることができる。最後に2つの式を比較することで，ノート1冊の値段を求めるために，先ほどとは逆の順番で考えたことに着目させていく。

ノート1さつの値段×6=ノートの代金 ノートの代金＋ジュースの代金=全ての代金	全ての代金ージュースの代金=ノートの代金 ノートの代金÷6=ノート1さつの値段

逆思考の問題の多くは，はじめからノート1さつの値段をブラインドにしているが，一旦順思考に触れさせることで，やはり子どもたちの思考方法は変化を示す。ちょっとしたプランニングの違いで授業は大きく変わってくるのである。

CHAPTER 1　算数の活動　その本質に迫る

算数の活動 5

数学的な見方・考え方を育てる数学的活動

雙葉小学校　永田　美奈子

1　「表現し，伝え合う」数学的活動

　新学習指導要領で，「算数的活動」から「数学的活動」という用語が用いられるようになった。なぜなのだろうか。今までの「算数的活動」は，よくなかったということだろうか。私自身，悩んでいたが，清水美憲先生の"この活動が，算数科で指導される教科内容に紐づいていることに注目するよりも，活動のプロセスが，「数学的」と形容するのにふさわしい質を持っていて，そこから「数学」を生み出しうるものであるからである"（清水，2017）という文言を読んで励まされた。だが，一方で気をつけていかなくてはいけないと，身が引き締まる思いもした。それは，やはり活動が，ただ楽しいだけで意味のないものになってはいけない。その活動が，「数学的」なものへと結びつくことを，教師が念頭に置きながら行っていかなくてはならないのである。

　数学的活動については新学習指導要領で明記されているが，その中でも，最後の「問題解決の過程や結果を，〜表現し伝え合う活動」が，どの学年にも共通して書かれていることに注目したい。つまり，これからの授業は，結果だけを求めるのではなく，その過程を大切にし，子ども達同士が伝え合いながら学んでいくということがより重要になってくるのである。そうすることによって，「数学的な見方・考え方」も育まれてくると考える。

2　どうして2つの色を使うの？

　1年生のはじめておはじきを使う場面である。数を数えるためにおはじき

を置く活動だけでも，大切なことはたくさんある。初めから「それぞれの動物に，おなじ色を置きましょう」と言ってしまっては，子どもの本当の理解につながらない。子ども達の行動をよく見て，過程を大切にしながら授業を進めていく必要があるのである。

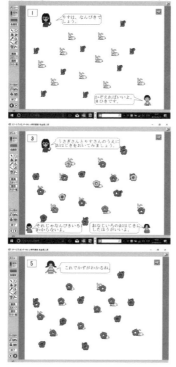

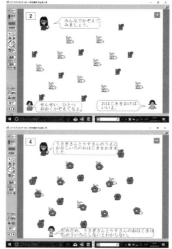

初めに，りすが何匹か尋ねると，子ども達は，すぐに「8匹」と答えた。みんなで数えるが，そこで，教師がわざと多めに指を動かす。すると，「先生，多く数えているよ」と子ども達は大騒ぎ。「あら，本当？ 先生が間違えないようにするにはどうしたらいい？」と聞くと，「おはじきをおけばいい」との声。「では，うさぎとりすの上に置いてみよう」と言い，子ども達の様子を見て回る。すると，3の場面のように，色とりどりに楽しそうに置いている子どもが何人かいた。その様子を子ども達に見せると，「同じ色のおはじきにした方がいい」という声が上がる。そこで，すかさず教師が全て同じ色のおはじきを置く（4）。「だめだめ」と，子ども達は，またまた

CHAPTER 1　算数の活動　その本質に迫る

大騒ぎ。「どうして？　だって，みんな同じ色のおはじきを置くって言ったじゃない？　先生，あっているよね」すると，中には，「うん」とうなずいている子どもも。「でも，それじゃりすとうさぎの数がわからない」「りすとうさぎは，違う色にしないと」「2つの色を使うの」1年生なりの言葉での説明が続く。1年生は，自分から説明するのは難しいが，このように教師が子ども達と対話をしながら授業を進めていけば，1年生なりに表現し，伝え合い，解決していくことができる。

3　見方（視点）を変えると

　6年生では，数学的活動として，ウ「問題解決の過程や結果を，目的に応じて図や式などを用いて数学的に表現し伝え合う活動」と書かれている。さらに，「統合的・発展的に考察する活動」とも明記されている。これは，「数学的な見方・考え方」とも結びつく活動となる。私は，「数学的な見方・考え方」を育てるために，見方（視点）を変えて考えていくことが重要であると考えている。体積の学習場面で考える。

容器にたて6cm，横6cm，深さ8cmの水が入っています。たて2cm，横2cmの図のような直方体を入れると，水の深さは何cmになりますか。

　子ども達は，実に様々な視点で解決していった。それをみんなで共有していく。

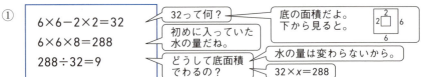

①
$6×6-2×2=32$
$6×6×8=288$
$288÷32=9$

②
$36:32=9:8$
だから，9cm

この考えには，首を傾げる子どもが多かった。説明が続く。

③
$2×2=4$
$4×8=32$
$6×6=36$
$36-4=32$
$32÷32=1$
$8+1=9$

「例えばAとBの体積は同じ$10\,\mathrm{cm}^3$とするでしょ。Aの底面積が$5\,\mathrm{cm}^2$だとすると，高さは$2\,\mathrm{cm}$。Bの底面積が$2\,\mathrm{cm}^2$だとすると，高さは$5\,\mathrm{cm}$になる。底面積と高さの比は逆になっている」友だちの話を受けて，さらに，図をかいて説明する子どももいた。

「そうか。棒なしの底面積は$36\,\mathrm{cm}^3$，棒ありの底面積は$32\,\mathrm{cm}^2$で，比を簡単にすると，9：8。だから，高さは，その逆で棒ありの方が$9\,\mathrm{cm}$になるんだね」

これも図をかいて説明する。「$4×8=32$は，水につかっている棒の体積。$36-4=32$は，底面積」ここまでは，周りの子ども達も理解できたようだ。だが，「$32÷32=1$って何？」という声が上がった。すると，右図を使って説明しだした。

「……を合わせると底面積だから，$32\,\mathrm{cm}^2$。棒を入れた分，水が増えるのだから，水につかっている体積を矢印のように上にもっていく。すると，その底面積ーーを合わせたものも$32\,\mathrm{cm}^2$になる。体積の$32\,\mathrm{cm}^3$を底面積の$32\,\mathrm{cm}^2$でわると増えた分の高さが出る」

4　数学的な見方・考え方を育てるために

　数学的な見方・考え方を育てるためには，友だちの考えをみんなで考えていくことが不可欠である。一人では，考えつかなかったことも友だちと考えを共有していくことによって，より豊かな数学的な見方・考え方を育てていくことができるだろう。そのためにも，「表現し，伝え合う」数学的活動を大切にしていきたいものである。

[引用文献]
清水美憲（2017）. 数学的活動の「数学」の意味を問い直す. *算数授業研究 Vol.113.*

算数の活動 6

「解ける子」から「創る子」へ

東京学芸大学附属小金井小学校　加固　希支男

1　「創る子」を育てる意義

　ここでは，「解ける子」とは，正解の解答が答えられる子供のことであり，「創る子」とは，既習事項を使って，新しい知識及び技能などを自分で創っていける子供のことだとする。

　様々な先生とお話すると，「どうすれば子供は算数ができるようになりますか？」という様な質問を頂くことが多い。この場合の質問は，まさに「解ける子にするにはどうすればよいか？」というものである。しかし，この質問の答えが見つかったとしても，算数を学習する意味を子供が感じることは難しいのではないだろうか。もっと，自分で新しい知識及び技能などを創っていく活動を経験させることで，算数を学習する意味や楽しさを子供に感じさせられるのではないだろうか。

　そして，「算数というのは，前に学習したことを使えば，自分で新しいことを考え出すことができる！」と子供が思えたのであれば，同時に「解ける子」にもなっていくのではないだろうか。

2　「考え方のつながり」と「発想の源」を意識して「創る子」を育てる

　算数の授業というと，毎時間まとめを行うという常識があるように感じる。しかも，そのまとめは知識・技能のまとめであることが多い。

　知識・技能のまとめは必要である。しかし，それは「創る子」を育てるためには十分ではない。

　第5学年で学習する小数のかけ算の単元を例に説明する。

算数の活動 6

032

本単元は，整数×小数から導入される。例えば，「1 m 80 円のリボンがあります。このリボン 2.3 m の値段はいくらでしょうか？」という問題を扱うとしよう。導入では，かけ算の意味を拡張したり，整数×小数の計算の仕方について考えたりする。

教科書では，長さと値段が比例関係であることを使って，以下の2つの計算の仕方がよく紹介されている。この2つの計算の仕方は，実際の授業でも子供から出されることが多いだろう。

①まず 23 m の値段を出し，その値段を ÷10 して 2.3 m の値段を出す。
　80×23÷10＝184
②まず 0.1 m の値段を出し，その値段を 10 倍して 2.3 の値段を出す。
　80÷10×23＝184

では，整数×小数の計算の仕方を子供から出させた後，どのように授業を展開していけばよいだろうか。

①と②の計算の仕方を，別々にまとめていくだけでは意味がない。それでは，知識・技能のまとめになってしまう。そうではなく，2つの計算の仕方に共通する考え方に着目させたい。「①と②は，違った方法で計算していますが，共通する考え方は何か？」という問いである。共通している考え方は，「整数にする」という考え方である。ここまで共有した後，実は，も

う1つ大事な問いがある。それは「どうして整数にしようと思ったのか？」である。この問いは，計算の仕方の「発想の源」を問うている。

「×小数は初めてだから，そのままではできない。でも，×整数の仕方は知っている。だから，×整数にしたいと思った」そんな言葉が子供から出てくるだろう。

知識・技能だけでなく，考え方にも意識を向けさせることが重要である。しかし，それだけでは不十分である。「発想の源」を問うと，問題を解くための知恵が出てきて，次に自分で問題に取り組む時，「どうやって考えればいいかな」という直観が働くようになる。そして，「前の学習を使えば，新しいことも自分で創れるんだ！」という実感をもつことができる。

この1時間で終わってしまっては面白くない。次の時間には，小数×小数の学習を行う。「1mの重さが2.14kgの木の棒があります。この木の棒3.8mの重さは何kgでしょうか」という問題を扱ったとする。2.14×3.8という式が立ち，小数×小数の計算の仕方について子供が考えることになる。様々な計算の仕方が出され，「2.14を100倍し，3.8を10倍して計算し，積を÷1000すればよい」とまとめたとする。しかし，これでは知識・技能のまとめで終わってしまっている。ここでも「発想の源」を問い，「整数にすれば計算ができるか

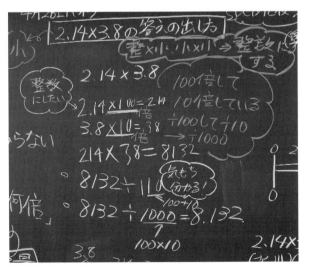

算数の活動 6

ら」という言葉を引き出しておきたい。その上で，前時の整数×小数の学習
との「考え方のつながり」を意識させる。

「前の授業では整数×小数の計算の仕方を考え，今日の授業では小数×小
数の計算の仕方を考えました。共通している考え方は何でしょう？」と問う。
すると，「どちらも整数にするという考え方を使っている」ということを子
供は発見するだろう。そうすると，「小数のかけ算というのは，整数にすれ
ばいつでもできる」ということに気付き，考え方がつながっていることを実
感するだろう。

そこですかさず，「将来，×分数なんかもあるかもしれないよねぇ」とい
うことを教師がつぶやけば，子供は「その時も整数にすればできるんじゃな
い!?」と先を見据えた言葉が返ってくるだろう。

3 「算数ってなんで勉強するの？」について，考えていく

新学習指導要領のキーワードの1つに，数学的活動という言葉がある。な
ぜそんな言葉を用いる必要があったのだろうかと考える。きっと，数学的活
動をすることによって，算数・数学の良さや楽しさを子供が感じることがで
きると考えたからだろう。子供がよく口にする「算数ってなんで勉強する
の？」という疑問の答えなのだ。

教師は数学的活動の意味を考え，自分なりの納得解をもって授業に臨む必
要がある。できれば，子供にも「算数ってなんで勉強するの？」という疑問
の答えをもっていてほしい。難しい言葉ではなく，とても明確な言葉で。

もし子供が「楽しいから算数を勉強するんだよ」と答えてくれたら，それ
が一番である。なぜ楽しいのか。それはきっと「自分で新しいことを創り出
せる喜びや驚きがあるから」だと私は考える。そのためには，「『解ける子』
から『創る子』へ」という，教師の意識を変えていくことが大切なのである。

CHAPTER 1 算数の活動 その本質に迫る

算数の活動 7

学び合いの過程で
高め合う数学的活動

熊本市立白川小学校　宮本 博規

1 「活動」について振り返る

　それまで何気なく使っていた「活動」という言葉が，初めて私の中で意味を伴ったのは，正木孝昌氏の『活動する力を育てる算数授業』（1994）を読んでからだ。学習活動や操作活動などよく「活動」と合体させた形では使ってはいたが，「活動」という一つの言葉自体を，深く考えたことはなかった。

　正木氏は「活動とは目的を持ってそれを追求する一連の行為」だといい，著書の中で「知りたい，解きたい，成功させたいなど，その子ども自身の目的があり，それを達成させるために自分でその方法を考えたりそれを遂行したりしている子どもの姿を活動と呼ぶ」と表現している。

　また，「その問題に働きかけ自分なりにわからない所，調べたいことが見えてきたとき，活動の入り口に立つ」とも書いている。「問題に働きかける」という表現はこのとき学んだ。それ以来，気に入って使わせてもらっている。ちなみに，働きかけるというのは自分の手で状況を変えていくことだ。

　池田敏和氏は「活動」という言葉について『新しい算数研究』誌の論説の中で次のように指摘している。「活動という言葉がもつ意味として『主体性』，『社会性』の2点が核になっていることがわかる。この2点は新学習指導要領で協調されている『主体性』と『協働性』に対応している」（池田, 2017）

　以前から学び合い授業を提唱し，ことさら「協働性」を大事にしている私としては，この機会に「活動」という言葉のもつ「主体性」「社会性」「協働性」などといった幅広い意味合いが再確認でき，「算数的活動」と「数学的活動」について整理する基盤ができたと思っている。

2 「算数的活動」から「数学的活動」へ

　黒澤俊二氏は『なぜ「算数的活動」なのか』（1999）の中で，「算数的活動とは数学的な高まりのある連続的な操作の大きなまとまり」と表現している。そして「算数的活動は数学的な考え方を育てる場である」とも書いている。また，著書の中には次のような表現も見られる。「数学的な考え方とは子ども主体の算数・数学にふさわしい創造活動のなかで，しかも，相互作用のなかで活発に表出してくるものである」

　この黒澤氏の著書からも「算数的活動」と「数学的な考え方」との密接な関係性が見て取れる。「算数的活動＝子ども主体の算数・数学にふさわしい創造活動」であり，相互作用すなわち子ども同士が互いに働きかけ，学び合う中で数学的な考え方は表出されるのである。

　20年余り続いた「算数的活動」は新学習指導要領で「数学的活動」という言葉にモデルチェンジした。今回の算数科の総括目標は「数学的な見方・考え方を働かせ，数学的活動を通して，数学的に考える資質・能力を育成することを目指す」である。

　国立教育政策研究所教育課程調査官の笠井健一氏は『新しい算数研究』誌で「算数的活動」から「数学的活動」への言葉の変更は，「具体物を用いて，わかりやすく知識を教えるといった手段としての活動よりも，ある文脈の中で問題発見・解決をするといった問題解決の過程を遂行する面を強調している」と言っており，続けて算数科の目標に触れて「『数学的活動を通して』という意味は教える手段としての活動というより，問題解決の過程を遂行する中で育成するという意味をもっている」（笠井，2017）とまとめている。

　清水静海氏も「数学的活動」に触れ，「数学的活動は，数学を学ぶための方法であるとともに，数学的活動をすること自体を学ぶという意味で内容でもある。また，数学的活動を生かすことができるようにすることを目指しているという意味で，数学を学ぶ目標でもある」（清水，2017）と総括している。

CHAPTER 1　算数の活動　その本質に迫る

3 学び合いの過程で高め合う数学的活動とは

新学習指導要領の数学的活動は，下学年では４つの活動，上学年では３つの活動が位置づけられている。５年の数学的活動は次のようになる。

> ア　日常の事象から算数の問題を見いだして解決し，結果を確かめたり，日常生活に生かしたりする活動
>
> イ　算数の学習場面から算数の問題を見いだして解決し，結果を確かめたり，発展的に考察したりする活動
>
> ウ　問題解決の過程や結果を，図や式などを用いて数学的に表現し伝え合う活動

いずれも大事な活動ではあるが，以前から特に私が授業の中に位置づけてきたのが，ウの「数学的に表現し伝え合う活動」云わば「学び合い」である。

５年「割合」の授業でも，次のような活動を核にして授業を展開した。

教師がまず次のように板書する。

> ねだんが 15000 円のデジタルカメラを
> ［　　　　　　　　　］で買います。
> 代金はいくらでしょう。

□を使ったブラインド型の問題である。

□には，どんな数や言葉が入るかを子どもたちには予想させながら，問題づくりを行うのだ。最終的には□に「20 ％引き」という数と言葉を入れ込む。

「20 ％引き」から子どもたちは関連のある数と言葉を「20 ％引き→ 20 ％ OFF → 2 割引き→ 0.2」などと拾い出してくる。

まず，線分図を参考に子どもたちと考えたのは，「20 ％引き」が値段にするならいくらにあたるのかということであった。

Ｈさんは『15000 × 0.2 ＝ 3000　15000 － 3000 ＝ 12000』という式を板書し，線分図を上手く使い，式と関連付けながら「20 ％引きに当たる値段は，15000 × 0.2 をすると 3000 になります。15000 から 3000 を引くと 12000 になります」と説明した。しかし，伝え合う活動はここで終わりではない。

算数の活動 7

次にNさんが『15000÷10＝1500　1500×8＝12000』と板書し，

「ぼくは線分図からまず10％の値段を15000÷10で1500と見つけました。そして80％の値段で買ったので1500×8として答えを12000とだしました」と説明した。この式には質問や意見が相次いだ。

「確かに答えは出るけど，式の中に問題文の20％引きが出ていません。式には0.2を上手く使わないといけないと思います」

「15000÷10というのは線分図を見たからわかることで，問題の中の20％や0.2を使えば，もっと簡単にできます」

そこで，Sさんが割合同士を計算してから代金を求めるやり方を紹介した。『20％→0.2　1－0.2＝0.8　15000×0.8＝12000』

「20％は0.2だから1から0.2を引いて0.8，15000の0.8倍で求めると，代金は12000になります」もちろん，この後も授業は続き，まとめにはいるのだが，今までのところが「数学的に表現し伝え合う活動」の中心部分である。

私の中では「算数的活動」が「数学的活動」になろうとも以前とそう大差ない。しかし，一層大事にしなければならないのは「数学的活動」が数学的な見方・考え方をより働かせる場でなければならないということである。それが最終的には子どもにとって深い学びにつながるのは言うまでもない。

[参考文献]
池田敏和（2017）．「数学的活動とは何か？」，新しい算数研究，559号.
笠井健一（2017）．「新学習指導要領で示された授業とは」新しい算数研究　556号
黒澤俊二（1999）．なぜ「算数的活動」なのか，東洋館出版社．
清水静海（2017）．「数学的活動の充実」新しい算数研究　556号
正木孝昌（1994）．活動する力を育てる算数授業，明治図書．

算数の活動 8

数学の問題を見いだす仕掛けが本質に迫る

関西大学初等部　尾﨑 正彦

1　これは数学的活動？

1年生「たしざん (2)」。子どもたちが初めて繰り上がりのあるたし算に出合う場面である。教師が，次のように投げかけた。

「団子が9個あります。8個もらいました。団子は全部で何個ですか。ブロックを使って考えましょう」

子どもたちは問題場面に合わせて，ブロックを10個の固まりとバラ7個に分ける操作などを行い団子の合計数を求めた。

さて，この授業展開に数学的活動はあると言えるであろうか。答えは否である。学習指導要領算数解説の「数学的活動」の説明部分に次の記述がある。

> 数学的活動とは，事象を数理的に捉えて，数学の問題を見いだし，問題を自立的，協働的に解決する過程を遂行することである。

数学的活動には，子どもが「数学の問題を見いだ」すことが前提条件として必要なのである。前述の授業には，「答えが10を超えるたし算は，どうやって考えたらいいのかな」と，子どもが数学の問題を自覚する場面がない。また，10を超えるたし算を考えるときに必要となる手段の一つがブロックである。ところが，数学の問題を解決するために必要なブロックを使うことを，教師が指示している。子どもが，「ブロックを使って考えたい」と感じていないのにである。大切なことは，子どもから「ブロックを使って考えたらわかりやすいんじゃないかな」という発想を引き出すことである。しかし，先の例はすべて，教師の指示通りに子どもが動いているだけの授業である。

算数の活動 8

040

これでは，子どもが「問題を自立的，協働的に解決する過程を遂行すること」も具現できない。

2　算数的活動の失敗を繰り返さない

算数的活動は，平成10年告示の学習指導要領で初めて登場した。この言葉が登場したことで，当時は「問題解決には算数的活動が必要だ」という大ブームが起きた。しかし，実際にそこで行われていた算数的活動は，単なる操作活動であった。算数の授業に，操作活動が欠かせないことは事実である。そのためか，「算数的活動」＝「操作活動」と捉えられていた。

操作活動は，問題解決のための手段に過ぎない。それにも関わらず，操作活動を行うこと自体が目的となってしまったのである。「算数的活動」について，当時の算数解説書には次のように説明している。

> 児童が目的意識をもって主体的に取り組む算数に関わりのある様々な活動

子どもに目的意識をもたせる視点が欠落していたのである。この実態と教師の意識改革を促す意味も込めて，「算数的活動」から「数学的活動」へと用語が変わったのである。その理由を，解説書では次のように述べている。

> （算数的活動の）従来の意味を，問題発見や問題解決の過程に位置付けてより明確にしたものである。　　　　　　　　　　　　　　　　　　　　※括弧内筆者

目的意識をもつ趣旨自体は，前回も今回の解説書も変わらない。数学的に問題を発見する過程をこれまでよりも強調しているのが数学的活動である。さらには，子どもたちが発見した問題を解決していく過程も強調している。問題解決の過程は，単に問題が解ければよいのではない。問題を解決することで新しい問題をさらに見いだしたり，問題の答えから新たな見方を統合的に見つけたりすることを求めている。これまでよりも質の高い活動を求めているのが数学の活動である。

3 数学の問題を見いだす仕掛け

　3年生「表とグラフ」単元である。この単元に，二次元表を使ってデータを分かりやすく整理することがねらいの学習場面がある。

　教科書などでは，複数の一次元表を提示した後で，「○個の表を，1つの表（二次元表）に整理しましょう」のように指示する展開となっている。このままの展開では，子どもが数学の問題を見いだすことは難しい。二次元表を使う必要性に子どもが気づいていないのに，教師がそれを与えているからである。

一般的な展開

貸し出した本の数(4月)

種類	数(冊)
物語	15
伝記	6
図鑑	8
その他	5
合計	

貸し出した本の数(5月)

種類	数(冊)
物語	21
伝記	19
図鑑	24
その他	8
合計	

貸し出した本の数(6月)

種類	数(冊)
物語	16
伝記	14
図鑑	19
その他	9
合計	

貸し出した本の数

種類	4月(冊)	5月(冊)	6月(冊)	合計(冊)
物語	15	21	16	52
伝記	6	19		
図鑑	8			
その他	5			
合計				

　そこで，次のような授業を行った。図書館の本の貸出冊数のデータを，4月→5月→6月の順に提示する。教科書などでは，この後に出合う二次元表の項目順に合わせ月別データの項目順も揃えている。しかし，子どもの学習の履歴から考えると，この項目順は矛盾している。なぜなら，彼らはこれまでに表や棒グラフの項目は多い順に並べることを学習しているからである。

　そこで，提示する月別データの項目順を，右図のように子どもの学習履歴に合わせて変更した。貸出の多い順に並び替えた。これが数学の問題を引き出す仕掛けである。

貸し出した本の数(4月)

しゅるい	数(さつ)
物語	15
図かん	8
伝記	6
その他	5
合計	

貸し出した本の数(5月)

しゅるい	数(さつ)
図かん	24
伝記	21
物語	19
その他	8
合計	

貸し出した本の数(6月)

しゅるい	数(さつ)
図かん	19
物語	16
伝記	14
その他	9
合計	

このデータを4月から順に提示した後，次のように投げかけた。

　「4月から6月の貸出冊数第2位は何かな。30秒で答えよう」

　1位ではなく，中途半端な2位を尋ねた。これも数学の問題を引き出す仕掛けの一つである。子どもたちは，「物語かな」「伝記かもしれないよ」「図鑑だよ」と声をあげた。友だちの考えとのズレが生まれてきた。ズレを自覚化した子どもたちは，「表が分かりにくいよね」「4月と5月の本の種類がバ

算数の活動 8

ラバラだったよ」とズレが生まれた原因を，口々に話し始めた。数学的活動に必要な，問題を自立的，協働的に解決する過程が生まれてきた瞬間である。

4　理由を問い数学の本質に迫る

　友だちの考えとのズレを自覚し，数学の問題を自立的，協働的に解決し始めた子どもたちに，改めて次のように投げかける。

「同じ表を見ているのに，どうして結果がバラバラになったの？」

　友だちの考えとのズレが生まれた理由を尋ねた。

「表の本の種類がバラバラだから，分かりにくいんだよね」

「4月〜6月の表の本の種類の順番を同じにすれば，分かりやすくなるよ」

「4月〜6月の表を横に並べてくっつけたら，もっと分かりやすいね」

「確かにそうだね。それなら，4月〜6月を並べた右側に，合計を書いておけば，どの本が2位なのかすぐに分かるね」

　子どもたちは，提示された表に隠れた分かりにくさの原因（仕掛け）を見抜いた。さらに，その分か

しゅるい	4月	5月	6月	合計
図かん	8	24	19	51
物語	15	19	16	50
伝記	6	21	4	41
その他	5	8	9	22
合計	34	72	58	164

りにくさを解消するためのアイディアを話し合っていった。それが，月ごとの項目順序を揃えることであった。さらに，貸出第2位を簡単に特定するためには，合計数を追加するとよいというアイディアへとつながっていった。これらの視点こそ，本時で最も大切な数学の本質そのものである。

　数学的活動で大切なことは，子どもたちに数学の本質に迫るような数学の問題を自覚化させること，すなわち目的意識を持たせることである。そのためには，子どもが数学の問題を見いだしたくなるような仕掛けが必要である。そのための視点の一つが，ズレを子どもに自覚化させることである。

　また，数学の問題を子どもが見いだした後には，その問題点の根拠を問うたり，問題点を乗り越えるために生まれてきた子どもの思いに寄り添って授業を展開したりすることが大切である。これらの延長線上に数学の本質が見えてくるのである。

算数の活動 9

子どもの活動の中から算数の考えを見いだし，共有していく算数授業

筑波大学附属小学校　中田寿幸

1　活動の中に，算数の考えを見いだす

6年「円の面積」の単元の導入に教科書通りの問題提示をした。

「半径 10 cm の円の面積は，何 cm^2 でしょうか。

1目もりが1 cm の方眼紙に円をかいて，調べましょう」

方眼紙に円のかかれたプリントを配付すると，子どもからは悲鳴にも似た声が出た。その言葉を取り上げながら，既習と未習を確認していった。

「えー，数えるの！」（面積は単位面積を数えて求めてきた）

「くっつけて 1 cm^2 にしてもいいの？」（面積は切って移動させて合わせても変わらない。既習の図形にしていけば計算でも求められる）

「無理でしょう，カーブは」（これまでは直線で区切ってきた。今回の新しい学習は曲線で区切られた面積を求めることである。ぴったりは無理だけど，できるだけ正確に数えていく方法を考える）

公式を知っている子は計算で 314 cm^2 と求めていた。しかし，どうしてそうなるかの説明はできない。「1，2，3……」と 1 cm^2 マスに数字を書いて数えている子を「どのマスを数えたのかわからなくならないように工夫しているよ」と認めていくと，どの子も数え始めた。

「400 cm^2 より小さいことはわかると言っている人がいるけど，どうしてそう考えたのかわかる？」と円に外接する正方形に目を向けさせた。教科書では円に外接する正方形と内接する正方形と重ねて，円の面積を「200 cm^2 より大きく，400 cm^2 よりも小さい」と見当づけている。しかし，この見当づけは子どもが活動し始めてからでないと意味はないと考えている。苦労し

算数の活動 9

044

ながら数えているからこそ，見当を付けることで，見通しを持つ意味が出てくるのである。

「何かいい方法はないか？」と，直径で半分にしている子がいる。「なるほど，全部数えなくても，半分だけ数えて2倍にすればいいね」とほめると，4分の1に切る子が出る。こうして，教科書のように4分の1のおうぎ形に切って数えて，4倍して求める方法が見いだされた。逆に，400 cm² の正方形から，円でないところを数えて引く方法も出された。4年のL字型の複合図形の面積を求めたときの考え方である。

4分の1のおうぎ形をさらに，8分の1，16分の1，32分の1と切ることを楽しんでいた子がいた。この考えは次の時間の円の面積の公式づくりに役立っていった。4分の1にする直線は，内接する正方形で考える方法を引き出した。正方形はひし形と見ることもできるし，三角形が2つとも，4つとも見ることができる。「1つずつ数えなくても，正方形を書けば一気に200 cm² まで数えられたんだね。200 cm² よりも大きくて，400 cm² より小さいことまではわかるね」とまとめ，板書した。「300 cm² ぐらいかな」と見た感じで200 cm² と400 cm² のまん中くらいと考えて見当をつけていく子もいた。

円から，内接する正方形部分を切りとると，残りはハンバーガーのパンのような形4つになる。子どもたちはこの部分を「バンズ」と呼んだ。「このバンズがわかれば円の面積がわかる」とバンズの面積をどう求めていくかが課題となった。単元後半では，このバンズ2つ分の面積を求めていくことがどの教科書にも取り上げられている。導入の授業でこのバンズを見いだしていった考え方を使って解いていくことができた。

教科書では見当をつけ，4つに分け，1 cm² に満たない方眼を0.5 cm² と見て考える方法で面積を求めていっている。曲線で切られたマスを0.5 cm² と見る見方は，子どもからは出てこない。教師から教えられた方法でそのまま数えたのでは，言われたことをこなす作業になってしまう。今回は，子ど

CHAPTER 1 算数の活動 その本質に迫る

045

もがマスをつけて 1 cm^2 を作る活動で苦労した後に，「曲線で切られたマスはすべて 0.5 cm^2 と考える」方法があることを教師から教えた。「0.5 cm^2 って考えていいのかなあ」と言う子もいたが，「0.5 cm^2 って考えると楽だね」「平均と考えれば 0.5 cm^2 になる」という意見に納得する子も多くいた。

　円に線を入れながら，「よりよい方法はないか」「既習の形にできないか」を考えながら子どもは活動していった。その中で，引き出された算数的に価値ある方法を，子どもと教師が一緒に見いだしながら，その考えのよさを共有していった。考えながらの活動は，やらされているだけの作業とは違う。子どもが主体的に考えている姿である。

2　子どもは手を使って活動する中で考える

　1 年生で 100 個をこえる大きな数を数えようとしても，1 つずつを数えたり，2 つずつ数えたりしていく子がいる。しかし，数え終わった後に，「本当に？　絶対に合っているってわかるようにして」と返すと，10 のまとまりを作って，並べていくアイデアが引き出される。

　3 年生の折り紙で正三角形を折る活動は，作図の前に位置づけていくと，折るときに使った「重ね合わせることで長さを写し取る考え」や「半分に折ることで，対称な形にする考え」を作図の時に生かすことができる。折り紙で作る活動を通して，作図に必要な考え方を引き出すことは，5 年の合同や 6 年の対称な図形でも実践してきた。

　子どもにはまず手を使って活動させ，その活動の中に算数の考えを見いだし，共有していく。その姿勢は普段の授業から必要である。

　次の授業は，4 年生の夏休み明けに行ったものである。

　　　6/14　パンダの赤ちゃんの体長　14.3 cm

　　　7/22　パンダの赤ちゃんの体長　34.1 cm

『上野動物園のパンダの赤ちゃんの体長は何倍になったかな？』

「だいたい 2 倍でしょう」と反応する子がいた。小数でわるわり算が未習

算数の活動 9

の子どもたちに「どうして2倍と考えたの？」と問い返すと，「14.3×2＝28.6 だから」とかけ算で答えていく。

「でも 28.6 cm って，34.1 cm に比べたら，34.1 − 28.6 で 5.5 cm も余るよ」という意見が出された。「じゃあ，3倍かなあ」と考え，3倍を計算してみた。すると 14.3×3＝42.9 となった。「42.9 − 34.1 で 8.8 cm だから 3倍だと大きすぎるよ」という意見が出された。この関係を図に表していった。

「2倍と3倍の間だから 2.5 倍でしょう」「変だよ小数なんて」

2.5 倍に抵抗を示す子がいる中，図を元に 2.5 倍の値を求めていった。

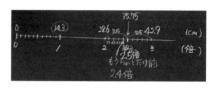

「14.3 cm の2倍に，半分の 7.15 cm を合わせれば，35.75 cm になる。だから 14.3 cm の 2.5 倍は 35.75 cm」「2倍と半分だね」「1.65 cm オーバーだけど，だいたい 2.5 倍でいいね」「もうちょっと短いから 2.4 倍なんじゃないかなあ」「何なの 2.4 倍って，半端じゃない？」「2.5 倍より 0.1 だけ短いんだね」

0.1 は 14.3 cm の $\frac{1}{10}$ だから，1.43 cm。2.5 倍の 35.75 cm から 1.43 cm を引くと 34.32 cm となるので，2.4 倍の方が 2.5 倍より近いと判断できた。

このように，2倍，3倍，2.5 倍，2.4 倍とより近い値を探りながら計算し，何倍かを求めていった。とりあえずおおよそでも計算し，図に表し，試行錯誤しながら，より近い値を求めていくことができたのである。

文章題を目の前にして，数の関係のイメージがつかめずに，どう式を立てていいのかわからないときには，まずは書いてみるのである。絵でもいい。ちゃんとした図にならなくてもよい。だいたいの答えを出すのでもよい。書く中で考えが整理され，問題点が明らかになり，解決策が引き出されてくるのである。子どもには手を使って活動させよう。活動の中で算数の考えが引き出されていく。そして，引き出された算数の考えのよさを子どもと一緒に見いだし，共有していくのが算数の授業である。

[参考文献] 中田寿幸（2011）．追究する子どもたちとの算数的活動，東洋館出版社．中田寿幸（2014）．子どもの言葉でつくる算数の授業，東洋館出版社．

算数の活動 10

式の見方・扱い方 ―算数語としての式―

国立学園小学校　江橋 直治

1 式を使った数学的活動

　授業の導入で，"4＋2＝5"と黒板に書いた。当然子どもたちは，あれ？という表情を浮かべ，教室のあちこちから「先生，計算を間違えてる……」「答えは6だよ」「書き直さないと……」といった声が聞こえてくる。計算練習ばかりさせられ，答えの正誤しか見ない子どもに育ってしまうとこれ以上の反応は期待できないかもしれない。しかし，普段から式を立てるまでの過程を大切にし，書かれた式から読み取れるものを丁寧に押さえながら授業を行っているクラスであれば，次のようなつぶやきは必ず生まれてくる。

　「その式はまだ書いている途中かもしれない」

　「続きを書けばいい。＋1を書いて右側も式にすればいいと思う」

　友だちからきっかけをもらい，やるべきことが見えてくると子どもの反応は止まらなくなる。

　「たとえば，この式が植木鉢に咲いている花の数だとすると，左の植木鉢には白い花が4つと赤い花が2つ咲いていてあわせて6つ。右の植木鉢には白い花が5つしか咲いてないから，赤い花があと1つ必要だと思う。そうすれば，左と右の植木鉢の花の数はそろうよ」

　「答えが6になる式をつくればいいなら，4＋2＝5＋3－2と書いてもよさそうだよ」「その式だと，どんな場面になるんだろう」

　問題文もなにもない，式を使った何気ない導入シーンであるが，こうした活動の中にも自ら問いをもち既習を活用しながら主体的に問題に関わってい

く子どもの姿があらわれていることがわかる。平成29年告示の学習指導要領では、算数的活動と呼ばれていたものが数学的活動と呼ばれるようになった。数学的活動では「考察」「表現」「活用」に、より一層ウエイトをおいて指導する必要があることを謳っている。単元や授業のねらいによってアプローチの方法はいろいろあるだろうが、子どもにばかり促すのではなく、まずは教師自身が問題に関わり、活動を促すしかけや発問を考えていく必要がある。前述の問題で、これを最初から『4＋2＝5＋□』と提示したのでは、ただの計算問題になってしまいつまらない。提示の仕方や授業展開をほんのちょっと工夫しただけで、子どもの活動は大きく変わってくる。

式を使った数学的活動は以下のようなものがあると考えられる。

《場面を式にあらわす活動》　　《式から場面を考える活動》

《式から思考を読み取る活動》　《思考を式にあらわす活動》

《式から形を考える活動》　　　《形から式を考える活動》

《式からきまりをみつける活動》《きまりから式をつくる活動》など

2　算数語としての式

"式"は答えを求めるためだけに書かれるものではなく、場面、形、方法、手順、変化の様子等を表すために書かれることもある。また書かれた式を読み取ることで、その人の思考を想像することもできる。式はもっとも抽象化された言語、『算数語』と言ってもいいのかもしれない。式を算数語ととらえて授業を再考すると、様々な数学的活動を行えることに気づく。

《式から形を考える活動の実践例》

4年生の面積の学習で次のような問題を出した。

2つの式は、どのような形を表していると思いますか。

① 3×13＋7×13　　　② 3×13＋7×13

CHAPTER 1　算数の活動　その本質に迫る

①も②もどちらも同じ式である。ところが②の式の下には画用紙が貼られていて，どうやら②の方は式の続きが書いてありそうだと気づく。
　授業の終末に画用紙をめくって答えの確認をする方法もあるが，今回の授業では，短い自力解決の時間をとった後すぐに画用紙をめくって見せた。

①　3×13＋7×13　　　②　3×13＋7×13
　　　　　　　　　　　　　＝(3＋7)×13
　　　　　　　　　　　　　＝10×13

　教室からは「そういうことだったのか」という声や，「やっぱりね」といったつぶやきが聞こえてくる。この後，子どもたちは形（図）をかき，式と照らし合わせながら，式をどう読み取ったのかを説明した。式に言葉を書き込んでいる子もいた。

2つの長方形をたてに並べて，くっつけた。
たて10 cm，よこ13 cm の大きな長方形とみることができる。

3×13＋7×13
＝(3＋7)×13
＝10×13

《式から場面を考える活動の実践例》

　千円札を1枚もって買い物に行きました。480円のプリンと500円のケーキを買いました。残ったお金は何円でしょう。

【A君】1000－480＝520
　　　　520－500＝20
【B君】1000－480－500＝20
【C君】1000－(480＋500)＝20

よくある文章問題である。まず3人に演算決定の理由や計算手順を発表し

てもらい，一般的な流れで（　）を使った式の指導を行った。次に，3つの式をもう一度見つめ直し，式から買い物シーンを想像して，自分なりの言葉で問題文を書き換えていく活動を行うことにした。そこで，「この3人が，書かれている式の通りに実際に買い物をしたら，それぞれどんな動きをすることになるだろう」と問いかけてみた。

「A君は一度おつりをもらってるから，プリンを買った後に別のお店に行ってケーキを買ったんじゃないかな」

「B君の買い方は…お店の外には出てないね。レジでプリンの代金を払おうとしたとき，ケーキの買い忘れに気づいて取りに行ったのかもしれないよ」

「C君はまとめてお金を払っているから，同じお店で買っていることがわかる。もしかすると，プリンとケーキはセットなのかもしれないね」

このように考えると，問題文の2文目は次のような文章に書き換えられる。

【A君】$1000 - 480 = 520$
　　　　$520 - 500 = 20$　$\Rightarrow$

> あるお店で480円のプリンを買った後，別のお店で500円のケーキを買いました。

【B君】$1000 - 480 - 500 = 20$　$\Rightarrow$

> あるお店で480円のプリンを買おうとレジに持っていきましたが，ケーキの買い忘れに気づき500円のケーキも買いました。
> （実際に子どもが書き換えた文章）

【C君】$1000 - (480 + 500) = 20$　$\Rightarrow$

> あるお店で，480円のプリンと500円のケーキをレジに持っていき，代金を払いました。

このように，式を算数語としてとらえてみると，様々な活動を行うことができることがわかる。式を読み取って場面を想像したり，式から形を考えたりする活動を行うことで，子どもの思考や表現の幅が広がっていくことが期待できる。

CHAPTER 1　算数の活動　その本質に迫る

算数の活動 11

主語が「子供」の活動にするために

京都教育大学附属桃山小学校　樋口　万太郎

1　数学的活動と名称が変わっても

　平成 29 年に告示された「小学校学習指導要領解説　算数編」では，数学的活動が以下のように明記されている。

> 数学的活動とは，事象を数理的に捉え，数学の問題を見いだし，問題を<u>自立的</u>，<u>協働的</u>に解決する過程を遂行することである。　　　　（筆者下線）

　「事象を数理的に捉える」「数学の問題を見いだす」ということも気にはなるが，私はそれよりも下線部の「自立的」「協働的」という言葉の方が気になる。子供が「自立的」「協働的」に取り組むには，<u>児童が目的意識をもって主体的に取り組むこと</u>が必要不可欠である。

　解説に掲載されている数学的活動一覧には，「させる」「させたり」という表現はない。全て「する」「したり」という表現である。たかが表現の違いと思われるかもしれないが，大きな違いがある。主語が変わるのである。

　さらに，資質・能力は数学的な見方・考え方を「働かせ」，数学的活動を「通して」育成するとも書かれている。「働かせ」である。「指示し」ではない。そして，数学的活動を「通して」である。数学的活動を「する」ではない。これらから数学的活動をすることが目的ではないことがわかる。

　つまり，私が何を言いたいのかといえば，数学的活動という名称に変わろうが，「『教師』が指示する活動だけではなく，『子供』が目的意識をもって主体的に動きだす活動も行えているのか」「『教師』はでなく，子供が主語に

なっている活動になっているのか」ということを気にしているのである。

2　算数的活動の誤解が再生産される恐さ

　今年度，学生と関わる機会が多くある。私が学生のときと違い，少しでも時間があれば学校ボランティアをして現場を知ろうとしたり，学習指導要領を読んだり，教科書や指導書を購入したりと優秀である。

　ある日，1年生のたし算について話している学生（A，B）の会話が聞こえてきた。この2人はすでに基本実習に行っている。

A「黒板に貼るブロックどうしよう」B「作ったら？」

A「作ってみるよ。一年生は一緒に操作をしないといけないからね」

B「そうだよね。ブロックを使わせないといけないもんね」

A「私，1年生で実習してきたんだけど，一緒にブロックを動かしたりして楽しかったよ」B「うんうん。楽しいよね」

A「でも，ブロックを使って考えなさいと言っても，ブロックを使わない子もいて苦労したよ」B「わかるー！」

　盗み聞きのため，詳しい授業展開はわからないが「ブロックを使って考えて，答えを出そう」「先生と一緒にブロックを動かしながら確認してみよう」という活動を行おうとしている。さて，2人の会話を読まれて，みなさんはどう思われただろうか。

　私は「やっぱり……」と思ったのである。前ページに，「子供が『自立的』『協働的』に解決するためには，児童が目的意識をもって主体的に取り組むことが必要不可欠である」と書いたが，この下線部分は平成20年に告示された学習指導要領に明示された算数的活動を説明する文と同じである。

　10年前，各学年の内容の中に活動例が示さたこともあり，「算数的活動」ブームが起こった。今でいう「主体的・対話的で深い学び」のようなブームであった。10年前，この2人の学生は小学生である。目的意識をもって主体的に取り組む算数的活動を経験してきているはずである。

CHAPTER 1　算数の活動　その本質に迫る

しかし現実は，前述の会話のように教師がブロックを使った操作活動を指示してしまっている。実習や模擬授業は時数も限られるため，単元を通して行える訳ではない。だから，これ以降の授業で子供が目的意識をもって主体的に取り組むような展開があるのかもしれないが，きっとそこまでは考えていないことだろう。「算数的活動」ブームの時に，「教師が指示をし，児童が操作をしている活動＝算数的活動」という誤解があった。私が「やっぱり……」と思ったのは，その誤解が再生産されていると思ったからである。

3　主語が「子供」の活動にするためには

2人の会話からもう1つ思ったことが，「それだけで終わらないで！」である。「ブロックを使わない子がいる」と苦労をしていたが，このとき，「ブロックがなくても計算できる」「ブロックなんて必要ない」と思っている子供は必ずいる。そういった子たちは目的意識をもって，主体的には取り組んでいるとはいえない。

しかし，「ブロックを使って考えて，答えを出そう」「先生と一緒にブロックを動かしながら確認してみよう」といった①「ブロック『を』知る・使ってみる」といった時間は必要である。ブロックに限らず，線分図，数直線，関係図といった図の描き方や使い方を知る時間は必要である。ただ，その時間で終わるのではなく，次時以降に「子供がブロック『を』使う」という活動を取り入れていくべきである。しっかり，図の描き方や使い方がしっかりわかっていないと，そのような活動は無理と言われる方もいるが，その意識を変えないといけない。同時に育っていくものである。

例えば，5＋3についてブロックを使って考え，答えを出す。先生と一緒にブロックを動かしながら確認してみるという活動を行なったのであれば，次時には，6＋2という問題に対して，「6＋2＝8になります。本当かな？」と子供たちをゆさぶり，8になる理由について考え説明する活動を行う。「なぜ？」「どうして」「本当かな？」と聞かれると人は考えたくなるものである。

算数の活動 11

もし，教師が指示をしなくてもブロックを使い出す子がいたら，価値づけたらいい。しかし，その一方でブロックを使わない子もいるだろう。そういう子は，違う場面で使用するようにしたらいい。全体の場で，説明をするとき，言葉だけでは相手に伝わりづらい。そのような場面で，「ブロックを使ってみたら，相手に伝わりやすいよ」と提案したら，図を使うかもしれない。子供たちは，説明するときに図を使うことに有効性を感じやすい。この時間は，前時でのブロックを使った経験が活きてくる。

　このとき，ブロックではなく絵やドット図を使いたいという子がいるかもしれない。このときダメだと否定するのではなく，絵やドット図でもいいと認めてあげるのである。子供達は方法を自分で選択している。とても素晴らしいことである。事前に考えていたことと異なる場合でも，教師がそういったことを「**受け入れる・認める・つなぐ**」といった意識に変えることが，子供が主語の数学的活動を行うための基礎・基本となる部分である。

　「教師が指示し，児童が操作をする」といった主語が教師の活動は，子供たちをコントロールしやすく，考えていた展開通りに進めやすいことだろう。しかしこの意識を変えない限り，教材や発問や授業展開を工夫しようが，子供に寄り添ったり，子供の考えやつぶやきを拾ったりすることができず，子供が主語の数学的活動を行うことはできない。主語が子供の活動は上手くいかない時もある。しかし，「トライ＆エラー」の精神で取り組まないといけない。

　②「図『を』使わせる」③「図『を』使ってみる」という経験を積ませていくと，繰り上がりのあるたし算「8＋7」という問題のときには，「答えが見えにくい→どうやって考えよう→図を使ってみよう」と変容し，子供が目的意識をもって取り組めるようになる。

　本稿では1年生を取り上げたが，算数授業ではどの学年でも①〜③を意識して授業を行なうようにしている。

　もう算数的活動の誤解を再生産させてはいけない。

CHAPTER 1　算数の活動　その本質に迫る

算数の活動 12

活動と授業構成を「数学的」にする

昭和学院小学校　中村 潤一郎

1　活動とは何か

> えん筆を 3 本ずつのたばにします。1 人に 2 たばずつ配ります。
> 4 人に配るには，えん筆は全部で何本いるでしょうか。

　第 3 学年で扱う，3 口のかけ算の課題である。この課題に対して，どのような指導を考えることができるだろうか。解き方を話して後は練習問題に取り組ませるというような教師主導の説明中心の指導は，真っ先に消去される選択肢であろう。活動を通して，子どもは学ぶべきだからである。

　では，実際に鉛筆を用意して，この課題のとおりに，4 人に配ることを子どもに行わせればよいのだろうか。

　「活動」の語には，「活き活きと動くこと」の意味がある。鉛筆を配るという行為によって子どもは動くことにはなる。しかし，それは活き活きとではなく，「配りましょう」と指示されて動くに過ぎない。子どもが活き活きと取り組むのは，子どもにとっての目的が存在するからである。子どもには，鉛筆を配りたいという思いも配る目的も存在しない。

　だったら，この課題をもっと現実的な話にすれば，子どもの目的意識は生まれるのであろうか。例えば，学級でじゃんけん大会のようなイベントを計画して上位 4 名に鉛筆を配るという場面を設定し，鉛筆を必要な本数だけ用意しなければならないというように，である。この課題に取り組む前に，実際にじゃんけん大会を行えば，授業も大いに盛り上がるだろう。

算数の活動 12

2 「数学的」が意味すること

　平成20年告示の学習指導要領で「算数的活動」は，「児童が目的意識を
もって主体的に取り組む算数にかかわりのある様々な活動」と規定されてい
る。

　「目的意識」や「主体的」の意味することはよく分かる。「目的意識」や
「主体的」を意識することによって，教師による一方的かつ注入的な指導か
ら子ども主体の学びへの転換が図られた。

　難しいのは，「算数にかかわりのある」の解釈である。何をもってかかわ
りのある・なしを判断できるのか。例えば，前述のじゃんけん大会や鉛筆を
配ることも，具体的な課題を解決しようとして行うのであれば，算数にかか
わりのある活動といえるのか。子ども主体とはいえ，「算数にかかわりのあ
る」ことを広義に捉えることによって，活動あって学びなしの授業に陥って
しまうことも少なくなかった。

　学びがあるかないかについて，私はその授業で子どもが数学の経験をした
かどうかにあると考えている。数学の経験といっても，中学校の内容を扱う
というのではない。

　「算数」と「数学」の教科の違いについて，「算数」は実生活で使える知識
や技能を身に付ける。「数学」は論理的に考え，答えに至るまでのプロセス
を大切にするというように，別々のねらいをもつ学習として捉えられること
がある。しかし，実際は算数の学習でもただ答えを求めるだけでなく，論理
的に考えたり，答えに至るまでのプロセスを大切にしたりしている。算数の
学習でも，子どもは数学を経験するのである。

　とはいえ，ただじゃんけんをしたり鉛筆を配ったりするだけでは，子ども
は数学を経験しない。数学を経験するのは，問題解決を通してである。

　すなわち，授業で子どもが行うことはじゃんけんでも鉛筆配りでもなく，
問題解決だと分かる。活動＝問題解決。学習指導では，子どもが活き活きと

問題解決に取り組めるようにすることが重要となる。数学的活動の「数学的」には，このようなメッセージが込められている。

3　拡張的・発展的に学習を進める

では，子どもが活き活きと問題解決に取り組めるようにするには，どのようにすればよいのだろうか。

特に，問題発見・解決の過程を工夫することがポイントになる。

具体的には，例えば，最初に示した3口のかけ算の課題文を次のように変えて，右の絵とともに板書する。

えんぴつを4人にくばりました。
えんぴつは全部で何本ですか。

そして，「さあ，何本かな？」と発問した。
「簡単！　答えは8本だよ」「式は，2×4＝8」
教室のあちらこちらから「うんうん」「そう」の声が挙がる。その中でAが，「えっ，でも……」と呟いた。
「□は，鉛筆1本を表しているのでないかもしれない」

その時間に学習する未習の課題を提示し，「さあ，考えてみましょう」と話して自力解決に取り組ませるだけでは，手つかずの子どもが現れてしまう。この子どもたちはその後も発表できず，解決できた子どもの話を聞くだけになる。進んだ子どものみが活躍し，諦観の蔓延した授業では，子どもが活き活きと動いているとは言い難い。

どの子どもも活き活きと問題解決ができるようにするために，以前学習したことを使って解決可能な内容を扱い，その内容をもとに拡張的・発展的に学習を進めていくようにしたい。3口のかけ算で「2×4＝8」の式が出てくる

算数の活動 12

ように課題を工夫して提示したのは，まさにこの意図によるものである。
「そうそう」「だから！」
Aの意見に賛同した子どもたちが，次々に手を挙げる。

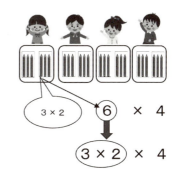

「□の箱の中に鉛筆が3本ずつ入っていたら，6×4=24本になる」
すかさず，「6って，なあに？」と尋ねると，一人の子どもが黒板に出て，右のように絵と式を結び付けて説明をした。
授業では，この子どもの発言を使って，3口のかけ算について指導した。
「でも，□には鉛筆が10本入っているかもしれないよ」
「10本だったら，式は10×2×4になるね」
3年生にとって，10のかけ算は未習である。しかし，子どもたちは□の中の鉛筆の様子を想像して，次のように考えていった。
「□に鉛筆が10本どばっと入っているのではなくて，5本ずつ分かれて入っていると…」
「ストップ！」
子どもの発言を遮り，全員にその続きを考えさせた。右のように式で説明できた。
「他にも，鉛筆10本が7本と……」

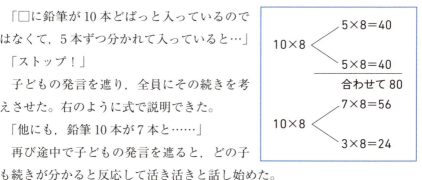

再び途中で子どもの発言を遮ると，どの子も続きが分かると反応して活き活きと話し始めた。
その後で，「ちょっといいですか」と言いながら，Bが静かに手を挙げた。
「鉛筆の箱ってふつうは12本入りだから，式は12×2×4だと思う」
「確かに。でも，どうやって計算すればいいの？」「でも分かるかも」
前に学習したことを使って解決し，また新たな問題をつくっていく。子どもたちの問題解決の活動は，さらに続いていった。

CHAPTER 1　算数の活動　その本質に迫る

算数の活動 13

問題の発見と発展を促す数学的活動

筑波大学附属小学校　盛山 隆雄

1　問題解決のプロセスが数学的活動

　学習指導要領の解説では，数学的活動の意味を問題解決のプロセスそのものとしている。

　問題解決の授業自体は，現場教師にとって特に新しいことではない。教科書の指導書にも基本的には問題解決の形の授業展開が紹介されている。

　では，数学的活動という新しい概念を入れることで，授業の何が変わるのだろうか。

　問題解決のプロセスを大きく次の3つに分けて考察してみる。

（1）問題を見いだす。　（2）問題を解決する。　（3）結果を振り返る。

　これまでの問題解決の授業は，どうやって全員に解決させるかに主眼があった。問題解決の方法と結果を重視してきた。教師は，どのようなヒントを出すか，個々の子どもの思考にどう対応するかに時間を割いてきた。

　今まで用いられてきた「算数的活動」は，子どもに作業的・体験的な活動をさせながら，問題解決に主体的に取り組ませようとした。つまり，算数的活動は，（2）の場面を充実させることが主の活動だったのである。

　一方で，問題は教師から与えるもの，そして答えが出たら適用題を解かせて知識や方法でまとめるといった授業の形が多かった。

　子どもに問題を見いださせるとか，答えを出した後に振り返って何かをするという発想は，一般の授業ではあまり重視されなかったのである。

数学的活動は，(1)〜(3) のプロセス全体を指している。従って，(2) だけでなく，(1) の問題をみいだすことと (3) の結果を振り返ることも重視されるようになる。今まであまり注目されなかった問題解決の授業の入口と出口を強化することで，子どもの問題解決能力を高めようとするのが，数学的活動という言葉に込められた願いと受け止めている。

2　問題を見いだす子ども

　4年生の四角形の授業を例に，問題を見いだす数学的活動について考察する。平行四辺形，ひし形，台形の定義や性質は既習という段階である。

　一人一人に長方形の紙を渡した。まず全員で対角線を折った（下図参照）。

向かい合う頂点を重ねるように折る。

折り目の両端の頂点を重ねるように折る。

対角線の折り目ができる。

　次に，右図のように折るよう指示した。そして，
「この四角形は何と言う形でしょう」
と尋ねた。この問いについては，全員が台形と答えることができた。

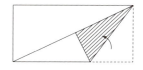

「どうして台形と言えるの？」
と問い返すと，「1組の辺が平行だから」「この紙は長方形だから平行といっていい」といった理由・根拠が発表された。

　次に，右図のようにもう1か所を折った。

　このとき，子どもから「ひし形だ」という声が聞こえたので，そのまま「そうだね。ひし形ができたみたいだね」と言った。すると，すぐに「ちがう

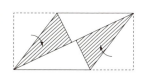

よ」「平行四辺形じゃない？」と異論が出て，子どもたちの間にずれが生じたのである。そこで，「なぜ，ひし形ではないと言えるのかな」と板書して，課題を設定した。

その形であることを説明するより，その形でないことを批判的に説明する方がハードルは低いと考えたからである。子どもからは，次のような考えが示された。

「4つの辺が同じ長さでないから。図①」
紙を折って，○の辺と△の辺を重ねて確かめた。
「対角線が垂直に交わっていないから。図②」
三角定規をあてて確かめた。

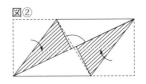

このとき，子どもに次のように話した。
「なるほど，対角線が垂直だったらひし形だったのかあ。対角線に垂直な直線があればよかったんだけどね」

この言葉を聞いて，何人かの子どもたちが反応し始めた。
「あるよ！　垂直な直線がある」
「この線を使えば，ひし形ができるかも！」

この子どもたちは，実は，長方形の対角線を折るときにできた折り目を見ていた。2本の折り目は，確かに垂直に交わっていたのである。

その子どもたちは，まだ見えていない子どもたちにヒントを出し始めた。
「長方形の対角線を折った時の折り目を見て」

このヒントを聞いて，ほとんどの子どもたちが対角線に垂直に交わる線に気づいた。そして，新たな問題を見いだしたのである。このとき，子ども達の言葉を聞いて，「ひし形をつくろう！」と課題を板書した。

子どもたちは，ひし形にはならない理由の説明段階から，ひし形を作ろうという問題発見の段階までたどり着いた。そして，下図のようにひし形を

作っていった。

　長方形の対角線の折り方を再現し，2本の折り目がひし形の対角線というイメージで形作ったのである。

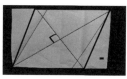

　右のように折って，はみ出た部分を折り返してひし形を作る子どももいた。

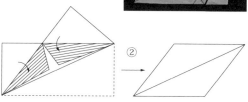

　次の時間は，最初に提示した四角形が平行四辺形かどうかを考える問題を考えた。これは，クラスの5人の子どもが「あれは平行四辺形だと思います」とノートに書いていたからだ。そのことをみんなに報告したら，賛成する子どもが多くいた。そこで，

「なぜ，平行四辺形と言えるのかな？」

という課題を設定して考えることになった。子どもたちは，2組の辺が平行であることを理由にしようとした。長方形の辺の一部である2本の辺は平行とすぐにわかった。

　問題は，もう1組の辺が平行といえるかであった。そのとき，下のように折って説明する子どもがいた。

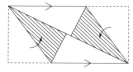

「この形をこのように折ると，2本の辺に垂直な直線ができるでしょ。だからこの2本の辺は平行だと思います」

　これにはみんな驚き，納得！　となった。

CHAPTER 1　算数の活動　その本質に迫る

算数の活動 14

本質を理解する「操作図」表現

熊本市立飽田東小学校　藤本 邦昭

1　表現活動重視の流れ

　数学的活動には，表現活動も含まれる。例えば，学習指導要領における3年生では『問題解決の過程や結果を，具体物，図，数，式などを用いて表現し伝え合う活動』と記述されていて，6年生になると『目的に応じて』という文言が追加される。

　平成20年告示の学習指導要領のキーワードは「言語活動」であった。「授業の中でいかに子どもたちの言語活動を活発にするか」「言語活動の充実で表現活動を豊かに」などが研究の中心になることも多かった。

　その流れは，平成29年告示の学習指導要領における「数学的活動」でも変わらない。

　ただ，単なる言語活動ではなく「表現活動」として扱い，【解決した結果だけでなく解決過程も扱うこと】【図，数，式といった数学的表現方法を適切に活かすこと】という教科の本質をはずさないことが条件になっている。

2　解決過程も扱う

　算数授業の最大にして致命的な間違いは，「問題の『解き方を教えること』が算数授業の目的である」ではなかろうか？

　特に，経験の浅い先生ほど受験対応に特化した「教え方」を最高の授業モデルと勘違いすることが多い。「いかに教科書の問題を効率よく，合理的に解かせるか」「いかに解き方のパターンを覚えさせるか」……

　だから，彼らの授業のねらいは，指導書どおりに設定しているつもりでも

いつの間にか「～の解き方がわかる」になる。

そして，正答にこそ価値があり，解決の過程や活用した考えなどは価値が低く，まして誤答には何の価値も見出さない。

当然のように授業は，わかる子・できる子を中心に進められる。こんな悲劇が日本中で起きることにならないよう真の「数学的活動」をとおして，解決過程を価値あるものにしていきたい。

3　数学的表現方法を育てる

さて，問題解決の過程を表現する際，式や言葉と同様に重要なツールは「図」である。しかも，この三者（図・式・言葉）は常にリンクし合っている。このリンクを意識した指導こそが数学的表現方法を育てるのである。

【3年生：わり算の導入】の授業を例に述べる。

上のような図を見せて，「この図を言葉で表すことができるかな」と問いかける。図の場面を言葉に変換させるのがねらいである。通常の授業で行われているのは「問題文を読んで，図にして考える」という活動である。だからこそ，あえて「図をみて言葉を考える」活動を仕組みたい。

「1つのお皿に4個ずつのっています。お皿は3皿あります」

子どもらしい表現である。

「この続きに，『おたずねの文』を付け加えたいんだけど……」とりんごの総量を求めるための言葉を問いかける。

「『りんごは全部で何個ありますか』がいいと思います」と一人が答え，共通理解をした。

「りんごは全部で何個かな？」とたずねる。

「12個です」「式は？」「4個が3さらあるから4×3です」
　その後，4+4+4の累加の式も出され確認する。こういう表現の違いも大事にしたい。
　次に，ICT教材で「12個のりんごを3個ずつわけるとお皿は何枚いるかな」という問題とイメージ映像を提示する。
　アニメーションで，お皿がふえていくイメージを持たせるためである。（→）
　子どもたちは図をかきながら考える。
　ここでの活動は，

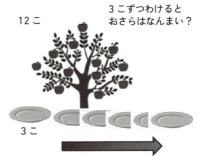

アニメーション（状況）→言葉（文章）→図

という流れになる。多様な表現方法を多様な変換場面をとおして体験させるのである。
　ちなみにこの問題は「包含除」である。「等分除」よりも「まとまり」を増やす累加の考えが図表現の思考の流れにそっているため先に扱うのである。
　「あれ？　さっきと同じような図になった」という気づきも子どもから出る。わり算はかけ算の逆算であることも図表現から素直に理解できる。ただ，ここでは，あえて式表現は扱わない。次の「等分除」で式化を導入する。この場面（包含除）で先に式を扱うと混乱してしまうためである。
　さて，いよいよ「等分除」の問題提示である。
　「12個のりんごを3人に同じ数ずつ分けると1人分は何個でしょう」
　ここまでと違うところは，ICT教材のアニメーション画面に子どもを3人登場させているところである。「等分除」のポイントは「1人分」という「1あたりの量」（単位量）である。そして，「3人が同じように分ける」「3人がケンカにならないように等分する」というストーリー（文脈）が，「分

算数の活動 14

ける」（等分する）という操作に自然につながるのである。

　さて，子どもたちの図表現は2通りに分かれる。これまでの包含除のように1人に4個ずつかいていく図と操作活動をもとに「動き」を表す図である。

　表現にズレが出たときに「どちらがケンカにならない分け方に見えるかな」という問いが生まれるのである。

4　結果図より操作図

　教科書に載っている図は，紙幅の関係でほとんどが「結果の図」である。

　しかし，思考の中で，あるいは実際に分けるときは，りんごは「動いている」し，りんごを「動かしている」のである。

　右下の図の皿と○の形は同じである。Aのようにかいているならば「包含除」であり，題意にあった図とはいえない。しかし，ある子はBの順番で図をかいていた。

　隣の子との対話で，
「○を書いた順に，数字を書いてみてよ」
「そうか。見た目は一緒でも，配る順番がわかるようにかくのが大事なのか……」
と納得していた。

　「操作を表す図」による表現活動は，数学的な価値や本質を見出す数学的活動なのである。

CHAPTER 1　算数の活動　その本質に迫る

算数の活動 15

解決に近づくための
試行錯誤を楽しむ

筑波大学附属小学校　夏坂 哲志

1　少し先を見ようとすること

　目指す授業像や子ども像を表すときに，主体的とか能動的といった言葉が幾度も登場する。研究主題や指導案などの中で，これらの言葉はこれまでもよく使われていたのだが，最近は今まで以上によく耳にするようになった。以前よりも，安易に使われすぎているのではないかと感じるほどである。

　ところが，「主体的って，どういうことですか？」と問われると答えに窮してしまう。なんとなく耳触りもよく，理想的な姿を表しているのかもしれないが，具体的な姿やその姿を引き出すための手立ては曖昧なまま。この言葉を使うことで，目的を達成したつもりになってしまっているのだとしたら，そこからは新しい授業の姿は見えてこない。

　算数の授業で，問題文を書き終わった子どもが，授業者の次の指示まで何もしないまま待っている姿を見ることがある。「式を書きましょう」と言うと，今度は立式だけをして答えは書かずに，手を膝の上に置いてみんなが揃うのを待つ。本当にその答えが知りたい，自分の力で答えを求めてみたいと思うのであれば，教師の指示を待たずにどんどんその先を考えようとするはずだ。それなのに，まっすぐ前を見て姿勢をよくしている子が褒められる。そこには，"主体的"とは真逆の，型にはめようとする指導観が垣間見えるのだが，まだまだこのような授業も多いように思う。

　数学的活動について，学習指導要領解説には「児童が目的意識をもって主体的に取り組む算数に関わりのある様々な活動」と定義してある。「目的意識をもって主体的に取り組む」子どもの姿を求めるのであれば，誰から何も

言われなくても次を考え，動き始めるような子どもの方こそ認められるべきである。結果だけではなく，自分の考えたことを試しながら，少しずつ答えに近づいていく過程にこそ目を向けるべきだと考える。

　解決に向かうために踏み出す最初の一歩は，小さな一歩かもしれない。踏み出す方向が間違っていたり遠回りをしたりするかもしれない。けれども，踏み出してみなければ，それが間違いなのかどうかはわからない。自分が思いついた方法を試し，その結果を振り返り，はじめの方法に修正を加えたり別の方法を試したりしながら，もう少し先を考えてみようとすることが大事なのである。

2　修正しながら正解に近づいていく

　では，子どもたちが個々に，全員別々の方法を試し始めたらどうだろうか。そういう時間もあってもよいかもしれないが，それではこちらのねらいが達成されないまま時間ばかりが過ぎて行ってしまうことも懸念される。

　そこで，みんなで一緒に一つの方法を試し，だめだったらそこに修正を加えながら少しずつ正解に近づいていくことを授業で取り上げてみる。

　例として，5年生の「正多角形」の授業について考えてみたい。この単元の導入場面を教科書で見ると，折り紙を折って直線で切り，正多角形をつくる活動が扱われている。

　正方形の折り紙から正八角形を作る場合は，折り紙を3回折って直角二等辺三角形をつくり，折り目の交点から等距離にある点をつないだ直線で切る作り方が教科書では紹介されている。この作り方を理解して正しく作り，きれいな正八角形ができたとしても，それは，算数の活動としてあまり意味があるとは思えない。なぜならば，バランスのよい形がなかなかできないときに，「どうすればよいだろう？」と試行錯誤を繰り返したり，友達と意見交換をしたりすることの中にこそ，正多角形の概念を形成していくための大切な気づきが沢山含まれていると考えるからである。

CHAPTER 1　算数の活動　その本質に迫る

つまり，正八角形をつくる活動を通して，辺や角の特徴に気づいたり見直したりする場をつくりたいのである。
　そこで，私は，正八角形という形を確認した後，別の作り方についても考えさせてみることにした。2回折った状態（もとの正方形の4分の1の正方形）から直線1本で切り，正八角形が作れないかどうかを考えさせるのである。もし，辺の長さが等しくない八角形でもよければ，右の図のように角の部分を斜めに切れば作ることができる。これを，正八角形になるようにするためには，どのような条件の直線で切ればよいだろうか。

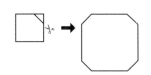

　実際の授業では，まずは，極端な場合を提示してみた。
　2回折った折り紙を，右図のような直線で切ったらどうだろうと投げかけてみるのである。子どもたちからは，「それでは，正八角形はできない」と言う。

　そこで，「どうして，できないと思ったの？」と返してみる。すると，「だって，開いたときに辺の長さが同じにならないもん」という答えが返ってくる。このようなやりとりを通して，開いたときの形が少しイメージできるようになる。
　算数の苦手な子の多くは，「もしも，この線で切ったらどうなるだろう？」というように，切る直線を自分で決めて，試してみることができずにいる。しかし，最初に切る直線を決めるときには，思いつきでかまわない。はじめから正解を得られなくてもよい。だから，その時には数学的な根拠はなくてよいのである。
　次に，試した結果を知るときも，頭で考えてわからなければ，実際に切って開いてみればよい。開いてみたときに，できた形を見ることによって，「なるほど，この部分が辺になるんだなあ」ということが見えてくる。それによって，少し数学的な見方や考え方が引き出されてくるのである。

算数の活動 15

続いて，先程の切り方ではうまくいかないことがわかったところで，辺ADと辺CDの中点をそれぞれ点E，点Fとしたときの直線EFで切ったらどうか，と投げかけてみた。（右図）

この正方形の1辺は12cmなので，AEとCFの長さが6cmになるように切るということである。

これに対し，K君は，「切った部分の長さ（EF）の長さが，AEの長さの2倍の12cmだったら正八角形だけど，12cmにはならないから正八角形ではない」という意見を述べた。EFが12cmにならない理由として，三角形DEFの2つの辺（EDとDF）の長さの和が12cmだから，残りの1辺であるEFは12cmよりも短いはずだという考えも出された。

これらの話し合いを通して，「AE（CF）の長さの2倍がEFの長さになるようにすればよい」ということが見えてきた。

さらに，「正八角形であるためには，8つの角度が同じにならなければならない」と，角度に着目する意見も出てきた。

このように，「もし，○○で切ったら……」と考えることによって，少しずつ数学的な要素に着目した見方や考え方が出てくるようになった。そして，正八角形ができるような切り方を見つけていったのである。

子どもたちの活動は，はじめから"数学的"なわけではない。いろいろと試行錯誤を繰り返し，失敗を通して見えてきたことを活かし，修正をしていく過程を通して段々と数学的な見方や考え方が引き出されてくるのである。その過程を見守りつつ，子どもがしていることのよさを価値付けていきたい。

CHAPTER 2

算数の活用 その能力を拓く

算数の活用

日常の問題から生まれ，
生活や学習に活きる算数

東京都三鷹市立高山小学校　柳瀬 泰

1　算数を活用する態度を養う

　東京女子高等師範学校附属小学校が発刊していた『児童教育』（1922年11月号）に掲載された「算術における練習作業（一）」という論説を読み，今，私たちが算数教育で目指す「学びに向かう力」や「算数を活用しようとする態度」の育成という言葉が重なった。

> 「算術教授は事実から出発して遂に抽象数の計算に及び，またこれを自由に事実に適用せしめ，一面事物測定の修練と相俟って，数量観念を養い，数的理法を会得せしむると同時に，将来これが積極的学習をなさんとする意思を養成することが，本科教授の目的から見て重大な任務であると思うのである」
> （p.301 より引用）

　96年前に一人の教師が提言した論説の序文からに引用であるが，平成29年告示学習指導要領の算数科の目標（3）に掲げられた「数学的活動の楽しさや数学のよさに気付き，学習を振り返ってよりよく問題を解決しようとする態度，数学的活動で学んだことを生活や学習に活用しようとする態度を養う」ことと繋がる。

　この論説の著者，山内俊次（やまのうち・としつぐ）は，東京女子高師附小に大正10年から昭和10年まで勤務した訓導（教員），その間，数多くの教育論文を発表した。附属小退官後，麹町区永田町尋常小学校長となり，公立学校の教員とともに算数同好会を立ち上げ，昭和26年，現在の「東京都算数教育研究会」を発足，初代理事長となった人物である。

　山内はこの論説で「計算指導」を，「事実算」と「型式算」に分類し，そ

算数の活用

の指導の在り方を考察している。「事実算」とは，「児童の生活に起こる社会上の事実，あるいは自然界の現象に対する数的関係の吟味」のことであり，「形式算」は，「その事実算から抽象した数のみの計算」としている。現在の計算指導においても，具体物を数えたり分けたりすることから出発し，次第に抽象的な数として形式的に処理できるようにし，さらにはその形式を自在に日常の事象に適応できることを目指しているが，果たして，山内の論ずるような深い学びの過程を理解し，指導に当たっているだろうか。

　子供たちの身の回りに起こる日常問題で，数理的に処理するには困難な場面がある。それを掘り起こし，算数授業の舞台に乗せたい。そして，そのような場面で，子供が問題を観察し分析する力を育てたい。山内は，子どもが自主的に問題を吟味する態度の育成を重視し，所要要件，既知要件，未知要件の気付きを図る指導を示唆している。これに倣って，第3学年前期の子どもたちと次のような日常場面について考えてみた。

　「誕生日会に友達を8人招待しました。9個入りのチョコレートを8箱，買いましたが，当日になり，2人が欠席しました。全部のチョコレートをみんなで同じ数ずつに分けましょう」という問題である。

　問題を子どもたちと対話的に吟味していく。まずは「求めるものは何か」（所要要件）が話題になる。この場合は，「6人で等しく分けた数」である。次に「どこまでが分かっているのか」（既知要件）である。ここでは「総数は72個」「72÷6と立式できる」がその範囲となる。そして，「では，何ができないのか」（未知要件）ということになる。これが「問題」であり，ここに日常から生ずる算数にふさわしい問題が隠れている。これを発見させ，解決していく数学的活動の中で，算数を活用する力を育てたい。

2　算数を全ての教科等の学習に活用する

　『算数授業研究 第56号』（2008）は坪田耕三先生の「活用力とは何か」という特集号であった。ここで坪田先生は次の「6つの力」を算数の活用力と

している。

① 深める（発展）力　②広げる（応用）力

③ 使える（適用）力　④つなげる（関連）力

⑤ 作れる（創作）力　⑥読める（分析）力

ここで，改めて捉え直してみたい力の1つは，「つなげる力」である。坪田先生は，以下のように解説されている。

> 「『つなげる（関連）力』とは，他の教科の内容などを総合的に扱うことを考える力である。仕組みが同じものと見られるものを一緒にしたり，事象や場面が同じものを一緒にしてみたりすると，違ったもの，ばらばらに見えたものが同じものに見える。また，関連性のないものをあえてつなげてみると，全く新しいものが見えてくる。そんなときに統合する目，発展させる力がついてくる。」（p.4 より引用）

「つなげる（関連）力」は，統合的な見方・考え方であり，とりわけ，数学的な考え方を中核にその育成を目指すことが有効な俯瞰的な「資質・能力」である。教科横断的な学習の様々な場面において，数学的な見方・考え方が積極的に活用されるようにするためには，校内研究などで，教師の算数観や指導力を補完していく必要があろう。

私の学校では，「6つの活用力」に倣って，算数のみならず全教科の授業で一貫して育てる学びの資質・能力を掲げた。子どもにも，親にも分かりやすいように，「学びの さ・し・す・せ・そ」というショートフレーズに置き換え，日々の学習に意図的・計画的に取り入れ実践を始めた。

「さ」は，探す

「し」は，調べる

「す」は，推論する

「せ」は，整理する

「そ」は，創造する

注釈を加えれば，「さ」は，問題を探し見つけて探求する力。「し」は，疑

算数の活用

間は手間を惜しまず調べようとする態度。「す」は，各教科で学んだ見方・考え方を生かして推論する力。「せ」は，集めた情報を目的に応じて整理する力。「そ」は，学んだことを生かして発想で創造する力，のことである。すべての教室で，すべての教科等で，6年間を通じて「学びのさ・し・す・せ・そ」を意識的・継続的に指導していくことで，授業は変わる，子どもは変わる，と思う。

3　社会の変化に活用できる数学的な態度の育成

　改めて確認するまでもなく，「算数を活用する」と言う目標は，昭和33年の学習指導要領から60年以来，「算数」の目標に一貫して掲げられてきた「進んで日常生活に生かそうとする態度を育てること」の趣旨を含んでいる。

　ここで言う「生活」とは，家庭生活，学校生活，社会生活など，子供を巡る日常のすべてである。一方で，子どもたちの生活は60年前とは明らかに違う。また，30年後も違うだろう。したがって，「変化する社会」「将来の生活」も見据え，「生活」を捉え，「活用する力」を育てる必要がある。まさに，鳥の目をもって，数学的な資質・能力の育成を図ることが求められる。

　その一方で，虫の目で，子どもの学びを見つめることを大切にしなくてはならない。子供たちの日常の中に，数理的な処理がうまくいかない場面を見いだし，それらを掘り起こし，必然性のある算数の問題とする。その問題解決を通じて，算数を活用していくよさを子ども自身が感得できる授業を目指したい。

　CHAPTER 2のタイトルは「算数の活用　その能力を拓く」であり，15の提言が掲載されている。それぞれの論説に算数を進んで学習や生活に活用しようとする資質・能力を育てる具体案が示されている。日本の多くの教室でこれらの提言が試行・実践されることを大いに期待している。

[引用・参考文献] 山内俊次（1922）. 児童教育 , pp.301-307. 坪田耕三（2008）. 算数授業研究 第 56 号. 遠座知恵（2017）. 教育学研究 .

CHAPTER 2　算数の活用　その能力を拓く

算数の活用 1

現実の世界と算数の世界の往復

IPU 環太平洋大学　前田 一誠

0　はじめに

　人工知能（AI）が進化し，我々の生活までも変えようとしている。日進月歩とはまさにことようなことを指すのだろう。算数教育を取り巻く状況も，学習指導要領が改訂されたり，全国学力・学習状況調査の問題から計算問題がなくなったりと，改革の旗印は掲げられている。

　本章のテーマは「算数の活用 その能力を拓く」。序文の中で，柳瀬泰先生は，「計算指導」を，「事実算」と「型式算」とに分類し，「事実算」を，「児童の生活に起こる社会上の事実，あるいは自然界の現象に対する数的関係の吟味」のことであるという論文が紹介されていて興味深い。本稿で取り上げる実践例も，これに関連するものである。

1　「計算＝求答」からの脱却

　計算指導が答えを求めること，答えの求め方を理解することだけに終始することから脱却しなければならない。そうでなければ，活用力という能力を拓くための授業改善は進んでいかないのではないだろうか。

　算数で学んだ計算を「日常の生活」に活かすとは，求答の仕方を使うということではない。スポーツにおいて，得点を計算して算出することよりも，採点方法を考え出すことが，算数で学んだことを活用するイメージに近い。

　これまでの計算指導は，答えを正しく，速く求めることが重要視されてきた。「たてる・かける・ひく・おろす」……。計算の仕方は，子どもにとって「おまじない」のようなものになってしまってはいなかったか。子どもた

算数の活用 1

078

ちに，必要以上に，無味乾燥な計算練習を強いてはこなかったか。もちろん，正しい答えを求めることができるようになることは必要なことだ。計算も，ある程度以上の速さでできるようにはしなければならない。しかし，必要以上に，計算練習をこなす必要はない。100問の計算を5分でできる子を，4分以内で終えるようにする必要はない。5分から4分に記録が縮まったところで，単純に計算しても，1問あたりにかかる時間は，1秒も変わらないのだから。タイムを縮めることの他に，やるべきことがある。

　例えば，「124 − 99」という計算問題が，目の前に出されたとする。みなさんは，どうやって答えを求めるだろうか。筆算で求めることも，当然のことながらあってよい。しかし，この計算（数値）であれば，筆算ではなく，下のようにして求める子どもにしたい。

$$124 \underset{+1\ \downarrow}{—}\ \underset{+1\ \downarrow}{99} \underset{||}{=} 25$$
$$125 — 100 = 25$$

　少なくとも，このような方法も知っていて，使えるような状態でいてほしい。子どもたちには，数によって，いくつかの計算の仕方をつくり出し，身に付けた方法を使い分ける子どもになってほしい。

2　現実の世界と算数の世界の往復（変換）によって活用力を育む

　例えば，平成20年度の全国学力・学習状況調査・小学校算数 A1 (6) の問題。「2÷3（商を分数で表しましょう。）」の正答率は，73.8 %。0.66，0.67など，商を小数で表しているものも含めると，正答率は76.7 %になる。対して，平成22年度に実施された全国学力・学習状況調査・小学校算数 A2 (2) の問題「2 L のジュースを3等分すると，1つ分の量は何 L ですか。答えを分数で書きましょう。」の正答率は，40.6 %。どちらも，「2÷3」の問題なのに，文章題となると正答率が30 %以上も落ち込んでしまっている。

　この傾向は，この調査結果に限ったことではない。日本の子どもたちは，総じて計算の仕方は身に付けている。それを使って正しく計算し，正しい答

CHAPTER 2　算数の活用　その能力を拓く

えを導き出すことも相当数の子どもができている。しかし，転じて，文章題から立式させると，正答率が極端に落ちてしまう。

　調査結果が示すように，計算が，どんな意味をもっていて，どのようなときに用いられるのかをわからないでいる子が多い。

　このような結果がもたらす要因として，「計算＝求答」に偏重してしまっていることがあるのではないだろうか。

　現状を打破するためには，「計算＝求答」の世界から子どもたちを解放し，現実の世界（場面）を算数の世界に表し直したものが数式だという見方をはぐくむことが重要だと考える。記号を用いて数量の関係を表したものが数式である。この意識をもたせたい。そして，私は，問題を「解く（解かせる）」のではなく，問題を「つくる（つくらせる）」ことを多く経験させればよいと考えている。このことは，「作問学習」と呼ばれ，古くから知られている。文章題の構造や式の意味をとらえるためには，それらを，部分に分けて「見える」ものにし，子どもたちに「触れ」させることが有効である。したがって，見えて触れる作問学習は，文章題の克服や式の意味を理解させるのにうってつけの活動で，効果がある。しかし，残念なことに，子どもにとっても，教師にとっても大変手間がかかり，子どもが作った問題を評価するにも大変な労力と時間を要する。そのため，これまで一般化されなかった。教科書にも，作問学習は盛り込まれてはいるが，ほんの少しだ。その効果も，すでに広く認められていて，学会等では，数多くの実践や研究成果が発表されている。そこで，広島大学大学院工学研究科で人工知能の研究者でもある平嶋宗教授のキッド・ビルド理論を背景に，共同で作問ソフトの開発を進めてきた。開発したものは，「i3Monsakun（モンサクン）」というものがこれにあたる。このソフトは，作問のための単文カードを準備し，カードを組み合わせて問題をつくらせる。そのため，これまで不可能だった，短時間で多くの作問（10分程度で平均20問）が可能となった。さらには，作問の正誤判定・誤答分析・アドバイスまでも，コンピュータが行うことになっている。

算数の活用 1

具体的には，以下のような活動である。

ここでの学習課題は，「『9×5＝？』で計算できるお話を作ろう。」である。子どもたちは，右上の6つの単文カードから3つを組み合わせて（左上の3つの枠にあてはめて）問題づくりを行う。その際，9×5というかけ算の意味をとらえていくことになる。子どもたちは，文章題の構造とともに，計算が，どういった意味をもっていて，どのようなときに用いられるのかを理解していく。作問学習は，教科書でも取り扱われている。子どもたちには，ぜひ多く取り組ませたいものである。このような「変換」の意識をもたせる授業を多く経験させていくことによって，式の見方が変わり，先の調査結果が示す状況を克服する一助になるとみている。

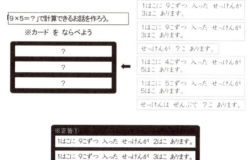

図「i3Monsakun」の活動例
※下は，単文カードを組み合わせた正答

3　おわりに

現実の世界における数量の関係をとらえ，それらを記号を用いて数式の形式に表し直したものが式である。この意識を，教師も子どもにも強くもって，授業づくりにあたってほしい。

CHAPTER 2　算数の活用　その能力を拓く

算数の活用 2

「算数を見つける力」を育てることが大切

筑波大学附属小学校　森本　隆史

1　日常生活の中に「算数」を見つける

デンマークに行ったときのこと。

何気なく路地を歩いていると，たまたま右のような模様を見つけることができた。この模様を見つけたときに，うれしくなったことを記憶している。デンマークのおしゃれな街並みを，規則的に埋め込まれている平行四辺形，ひし形，正三角形たちが，美しく演出していた。色の違うタイルは，平行四辺形のみ。その平

行四辺形の長い方の辺の長さが，正三角形とひし形の一辺の長さと等しくなっている。辺の長さが等しくなっているから，パズルのようにきれいにはまっているのだ。

この路地を見たときに，何も感じない子どももいるだろうし，わたしのようにうれしさを感じる子どももいるだろう。このうれしさは，日常生活の中に存在する「算数」を発見したときのうれしさである。教師としては，当然，後者のような子どもたちを育てていかなければならない。

学習指導要領には「日常生活に生かす」という表現が度々登場している。「日常生活に生かす」とは，受け身の言葉ではない。子ども自らが動き，「日常生活に生かす」のである。しかし，何も考えずに過ごしていれば，デンマークの模様を見ても何も感じないだろう。子どもが能動的に「日常生活に生かす」ためには，子どもたちの生活の中に存在している「算数」を子ども自身が見つけることが何よりも重要である。教師が見つけた「算数」を授業

で楽しむこともももちろん大切である。しかし，最終的には，子どもたち一人ひとりが生活の中に「算数」を見つけることができるようにしていきたい。子どもたちが生活の中に「算数」を見つける力のことを，わたしは「算数を見つける力」と呼ぶこととする。

では，「算数を見つける力」はどのようにすれば育つのだろうか。わたしは，日常生活の中に「算数」を見つけることを楽しんだ経験があるかどうかということが関係してくると考えている。そう考えると，我々は，子どもたちの日頃の生活の中から「算数」を見つけて，楽しい算数授業をしていく必要がある。

2　子どもの言葉から「算数」を見つける

子どもの言葉の中にはたくさんの「算数」が存在している。教師は，子どもたちが意識していない「算数」を，授業の中で扱うことで，子どもたちに日常生活の中に「算数」が存在していることを意識させていくとよい。

(1) 1年「たし算とひき算」の実践

わたしの学級では，毎朝，教師と子どもたちでじゃんけんをしている。登校してきた子どもから，1対1で教師とじゃんけんをするのである。じゃんけんの勝ち負けは，いつも下のように書いている。下の場合は，教師が7人に勝って，12人に負けていることになる。これをクラスの人数である32人分書いていくのである。

かち　1，2，3，4，5，6，7　　まけ　1，2，3，4，5，6，7，8，9，10
　　　　　　　　　　　　　　　　　　　　11，12

朝，登校してきた1年生の子どもたちは，この表を見て，いろいろなことを口にする。
①「やったあ，今のところ，ぼくたちが勝っているよ」

CHAPTER 2　算数の活用　その能力を拓く

083

②「わたしたちの方が勝っている人が5人多いよ」

③「あと4人勝ったら，わたしたちの負けはないよ」

④「まだ来てない人がたくさんいるね」

⑤「えーっと，あと何人来ていないのかな」　などである。

　子どもたちは，いつもの生活の中で思ったことを次々と教師に話しかけてくる。これらの言葉の中には，たくさんの「算数」が存在している。

　例えば，①～④の言葉の中には，次のような「算数」と子どもの思考が隠れている。

①「やったあ，今のところ，ぼくたちが勝っているよ」

　　→　先生の勝ちの数が7，ぼくたちの勝ちの数は12

　　　　7と12を比べると，12の方が多いよ。

②「わたしたちの方が勝っている人が5人多いよ」

　　→　$12-7=5$　をすると，

　　　　わたしたちの勝ちが5人分多いことがわかるよ。

③「あと4人勝ったら，わたしたちの負けはないよ」

　　→　32人学級の半分は16人。$16-12=4$

　　　　あと4人勝てば半分の16人になるので，絶対に負けはないよ。

④「まだ来ていない人がたくさんいるね」

　　→　じゃんけんをした人は，$7+12$をすればわかる。

　　　　$7+12=19$だから，19人であることはわかる。

　　　　32人にはまだまだなっていないよ。

　このように，何気ない言葉の中に多くの式や子どもの考えがある。また，⑤「えーっと，あと何人来ていないのかな」のように，つぶやき自体が子どもの問いそのものといえるものもある。わたしはこの言葉を聞き，子どもたちの日常にあるじゃんけんを使って，授業をすることを決めた。

　先の表を子どもたちに示し，「あと何人とじゃんけんをしていないのかな」と問いかけた。このように，子どもたちの生活の中にある「算数」を題材と

算数の活用 2

して授業を仕組み，子どもたちに，日常生活の中には「算数」が存在していることを意識させていったのである。この授業の後，じゃんけんの表を見る子どもたちの言葉が変わっていった。普段の生活の中で見えていなかった「算数」を見つけようとする子どもが増えていったのである。

（2）1年「数しらべ」の実践

もう一つじゃんけんを扱った実践を紹介する。1年生の子どもたちの中には「じゃんけんに勝ちたい」という思いがある。ある朝，「また負けた」と残念そうな顔をする子どもがいた。「何を出せば勝てるかな」と小さくつぶやく。わたしは，このつぶやきの中に「算数」があると感じたので，子どもの言葉から算数授業をつくっていった。

授業の開始と同時に32人とじゃんけんをしていった。全員との勝負が終わった後，子どもたちに「勝った人は何を出して勝ったのかな」と問いかけた。なんとなくじゃんけんをしていた

子どもたちだが，そう問われた瞬間，グー・チョキ・パーというデータの数に着目していったのである。授業の詳細は省略するが，写真のようなグラフが出来上がった。パーの数が一番多くなったので，「じゃあ，みんなはパーを出せば先生に勝てるね」と子どもたちに言ってみた。すると，「森ちゃんがだまそうとしてる！」と大きな声が教室に響いていった。

その授業の後，朝のじゃんけんをじっと見つめる子どもが何人か現れた。不思議なのだが，この日を境に，わたしが子どもたちにじゃんけんで負ける日が増えていったのである。

「算数の活用　その能力を拓く」ために，わたしは，教師が子どもの言葉の中からたくさんの「算数」を見つけ，子どもたちに意識させることが大切だと考える。そして，子どもたちの「算数を見つける力」を育てていくことが，子どもたち自身の世界を拓いていくことにつながっていくのだ。

算数の活用 3

日常の事象をもっと思考する
教材，授業を考える

千葉大学教育学部附属小学校　平川　賢

1 "本当に"日常に即している教材とは

　小学校の算数授業は，日常的な場面から問題を見出し，数を使って解決することは多い。"チョコレートとあめの値段の違いを求める"ことや"保健室に来室した子どものけがの種類をまとめる"ことなどである。算数の学習が日常に関連していて，その学びが日常に活かされるということを子どもが理解していることは大切で，だからこそ算数を学ぶのだと感じさせることができるのである。

　さて，日常との関連が重要とわかったうえで，次に挙げるような問題を見ていただきたい。

> 35 人の子どもが4人ずつ長いすにすわっていきます。いすは何きゃくひつようですか。

　3 年「あまりのあるわり算」で扱われる問題である。余りが出るが，その余った子も座るので，商から1増やした数が答えになるという問題である。確かに日常にあり得る場面である。長椅子に限らず，グループ作りでこういった解決は必ず行われる。しかし，ちょっと視点を変えてみる。

> 33 人の子どもが4人ずつ長いすにすわっていきます。いすは何きゃくひつようですか。

　35 という数値を 33 にしただけである。実はこれだけで，子どもにとって解決へのイメージが変わる。なぜか。「33÷4=8　あまり1」余りの人が座る

分，答えが9脚になることに変わりないが，余る人が1人となるところに「かわいそう」という問題が起きるのである。これは，数字の操作だけでは見えないところである。結果，右にあるように「余りを最後の列につめて座らせる」とか「同じ9脚でも，独りぼっちにしないように3人組に変える」といった方法が導かれる。これらの解決方法

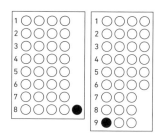

は，単純なわり算の計算では導くことのできない解決方法である。"本当に"日常に活かすのであれば，これからの算数は，こういったところにまで首を突っ込んでみることも大切になるのではないか，と思っている。解いて終わりではなく，解いた結果をさらに検証するようなことが，本当の意味で日常に即した算数であると言えるのではないだろうか。

算数と日常というキーワードを子どもに示すと必ず返ってくる意見に，「お釣りがわかるようになる」というものがある。引き算を学べば買い物の際に役に立つということである。これは正しいことではある。しかし，教科書にある引き算の単元をよく見ていただきたい。実は「お釣り」を求める問題は，ほぼ載っていないのである。これには理由がある。「132円持っています。62円のお菓子を買うとお釣りは何円ですか」という問題があったとする。何も考えずに式を立てるならば「132－62」である。しかし持っている132円がどのような金種かは様々である。日常に即して考えれば，132円すべてをレジに出す人はいないだろう。実際は100円玉を出す場合があったり（100－62），112円で支払ったり（112－62=50）する方法が出てくる。結果として，日常に即したときに式が様々になってしまうという点から，「お釣り」の問題は扱いにくいのである。ただし，ここでいう"扱いにくい"と感じているのは教員のほうである。実際，様々な式が出てきて，たくさんの解を求めるとなれば，それだけでも計算の習熟につながる。また，金種によって出し方を工夫すれば，もらうお釣りのコインの数を減らすということ

まで学べるのである。ひとつの式のみで画一的に授業をしようという教員の発想が柔軟になれば、もっと日常に即した授業を行うことができるかもしれないのだ。

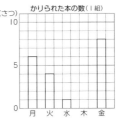
啓林館「わくわく算数」
3年下より

こういった教材は、数と計算領域に限ったことではない。表とグラフの単元では、教科書例のようなグラフを示し、それぞれの曜日の借りられた本の数を答えさせる問題がある。グラフを読むという技能を習熟するうえで、こういった問題に取り組むことは大切である。ただし、日常に即す、という視点で見たときにもっとできることがあるだろうと考えている。

私は実際にこれを使って次のような投げかけを行った。「どうして木曜は0冊なのかな」である。子どもたちは、それぞれで「木曜日は0冊」の裏側にあるものを考えた。「木曜日は図書の時間が取れなかったのでは」「天気がよくてみんな外で遊んだから、本を読まなかったのでは」など様々な理由を考えた。さらには「このクラスの時間割はどうなっているかな」「木曜は図書係が本を読むようによく呼びかけるといいね」と、時間割との関連や対応策まで発言する児童もあった。

また、木曜の0冊だけでなく、金曜や月曜が多い理由などについても意見が出された。

このように、グラフの「裏側」まで予測して読み、意見を交流し合う、という活動を通して、グラフを"本当の意味で読める"子どもが育っていくのではないか、と考えたのである。グラフが日常にどのように使われるのかを考えると、技能として数値が読めるだけでなく、その数値から何かを判断したり、先のものを予測したりできることが大切である。そういった意味で、日常を生きる子どもの育成のためには、単純な技能習得を超えるための授業改革をしていく姿勢が教員に求められるのではないだろうか。

算数の活用3

088

2　どうやって日常に即した教材を開発するか

　ここまで述べてきたように，今算数で扱われている教材は，日常に即してはいるが，"即しきってはいない"というのが実情だということである。もちろん学力差が問題になっている学校も多く，そんなところまで扱う余裕もない，という意見もあるだろう。しかし，知識や技能を身に着けさせることに躍起になり，算数を日常に役立たせるという考えがおざなりにされるようでは本末転倒である。やはり，知識や技能を身に着けるということを大切にしながらも，算数がどう役に立つのかを教師は常に意識しておかねばならないのである。

　そして，本当に日常に即した教材が，これから開発され続けていくようにしたいものである。私は"教科書を批判的に読む"という方法から，教材開発をする場合が多い。ここまでに挙げてきた事例もそうである。「余りの処理は，いつでも"増やす"だけかな」「そういえばお釣りを問う問題がないな」「グラフの数値が読めたら，どんな得なことがあるんだろう」こういったちょっとした批判的な思い付きが，「だったら」として新たな教材開発をすることにつながっていくのである。

　教科書を全面的に批判するということではない。むしろ教科書はよく考えられて作られているのである。ひとつの問題に使われる数値１つ１つがかなり丁寧に吟味されている。「35÷4」はいい例である。余りが３になることで，もう一脚増やそうという心理をうまく引き出す数値だ。だからこそ，もしもこの数値でなければ，授業でどんな現象が起きそうかを検討してみる。そこに思い浮かぶ授業の姿が，日常により即したものになるのであれば，実際に取り扱ってみる価値があるということである。

　算数と日常をより結び付けた授業を行い，子どもたちが満ち足りた生活を送るための思考力や判断力がさらに伸びていくように，これからの算数が変わっていくことを強く望んでいる。

CHAPTER 2　算数の活用　その能力を拓く

算数の活用 4

自分が納得できる答えを
選び取る力を育む

お茶の水女子大学附属小学校　岡田　紘子

1　根拠をもって「意思決定」する

　私は「これからの社会を生き抜く子ども達に必要な力は何か？」と聞かれれば，困難に直面した時に，多様な角度から思考し，自分が納得できる答えを選び取る力だと考える。簡単に答えが出せない課題が増えている現代において，答えがただ1つに決まっていることは少ないため，複数ある考え方から自分や周りの人が納得できる方法や答えを「意思決定」できる力は子どもが未来を生き抜くために最も重要な力だろう。

　大抵の場合，社会の中で取り扱われる課題は条件によって答えが左右されたり，複数の答えが存在したりする。それだけに絶対に正しい「答え」は存在せず，「答え」が1つだけという課題も少ない。そもそも「課題はどこにあるのか」「課題の背景や，答えを導きだすための条件は何か」など，課題に取り組む前に複数の観点が存在し，その観点が変わると答えも変わってくる。「この課題の答えは絶対にこれだ！」と頑なに考えるのではなく，常に「本当にこれでいいのか？」という批判的な思考を続け，より良い答えを探すことが大切だ。

　また，自分と周囲の人が納得できる答えを導くためには，答えを導いた根拠をはっきりと伝える必要がある。「A という条件で考えるとこうなるけれど……，B の条件で考えると……。だから私は○○と考えます」というように，自分の考えに根拠をもって説明できる力は「意思決定」を支える大切な資質・能力になっていくだろう。

　ビッグデータ時代と言われる昨今，データから傾向を適切に把握し，正し

算数の活用 4

い情報を自身の意思決定に活用できる力を育んでいくことが求められる。こうしたロジカルな思考に基づく「意思決定」が求められる時代への変遷から，新学習指導要領に「データの活用」という領域が新設され，統計教育の充実が進められている。

2　1年実践「かずをせいりして」

（1）日常事象から課題を設定

　統計的な課題解決では，データの処理の仕方によって結論が異なってくる場合がある。そのため，異なる視点や立場などからデータの処理の方法を多面的に見直したり，その処理の過程に誤りや矛盾がないかどうかを批判的に考察することが重要である。この実践では，授業の最後に重みづけが異なるデータ（1番おすすめの給食と2番目におすすめの給食）を扱い，子ども達自身が考える様子を観察しながら，多面的・批判的に考察する視野の広さを育もうと試みた。

　1年生での実践を例に挙げる。3学期，生活科の授業で「新1年生を迎える準備をしよう」という学習を実施した。これは授業の導入を生活科と関連させることで，教科横断的な学習へと発展させようとした実践でもある。子ども達にどんなことをしたいか投げかけたところ，4月に入学してくる新1年生が初めて食べる給食について，現1年生から何か提案できないかという意見が出たため取り上げた。

　授業では，栄養教諭から「**新1年生が給食を大好きになるおすすめメニューを教えてほしい**」というお願いを受けたことをきっかけとし，新1年生に1番おすすめしたいメニューをアンケートした。この結果から上位6種類のメニューを提示し，

【表　1年生へのおすすめメニュー】

メニュー	第1希望	第2希望	合計
カレー	9	9	18
ラーメン	8	10	18
ゼリー	3	9	12
スパゲッティ	8	2	10
サラダ	5	2	7
マーボー丼	2	1	3

CHAPTER 2　算数の活用　その能力を拓く

決選投票を行った。決選投票の方法は，6種類のメニューから，1番おすすめのメニュー（第1希望）と，2番目におすすめのメニュー（第2希望）をそれぞれ1つずつ書かせた。アンケートの結果は，表1のようになった。

これらのデータを視覚化するため，子どもが選んだメニューをカードにした。そして，子ども達に自分の選んだメニューのカードを黒板に貼らせた。カードをメニューごとにそ
ろえて黒板に貼ると，カレーとラーメンが同じ18枚ということが分かった。枚数で比べると，1位がカレーとラーメンとなる。

しかし，子どもから「カードの数は同じ18枚だけど，カレーとラーメンを1番に選んだ人の数がわかれば，どちらが1番かわかると思う」と，カードの枚数以外の比較方法の提案が出た。子ども達は，アンケートを取った時に第1希望と第2希望を答えたことを覚えていたので，その結果を知りたがった。これらのカードは裏側がピンクと水色で分けられており，第1希望はピンク，第2希望は水色になるように教師が作成した。そこで，黒板に貼ってあるカレーとラーメンのカードを裏返し，カードを色別に並び替えると，カレーが第1希望（ピンク）のカードは9枚，ラーメンが第1希望（ピンク）のカードは8枚だということが分かった。この結果から「カレーが1番人気」という意見に多くの子が納得した。

カードの枚数で順位を決めると表2のような順位となるが，カレーとラーメンのように第1希望と第2希望の数がわかると順位が変わる可能性がある。そして，他のメニューの第1希望と第2希望の数を知りたくなった子ども達は，すべてのカードを裏返して，第1希望と第2希望の数に着目して順位を考え直した。

(2) 重みづけが異なるデータを提示する

カードをひっくり返した後，ゼリーのように枚数は多いが，第1希望が少ないメニューがあることが分かった。ここで子どもから「水色2枚でピン

ク1枚分にして考える」という数値化のアイディアが出た。第1希望のカード（ピンク）の方が，価値が高いと判断し，第2希望のカード（水色）の2倍の価値として捉えている。ピンク1枚を1点，水色2枚で1点とし，すべてのメニューを点数化した。

　例えば，カレーはピンク9枚，水色9枚である。水色9枚を2枚セットにすると，4セットできて1枚余る。この余った1枚は半分の点数として，カレーの点数を13点半とした。また，ラーメンはピンク8枚，水色10枚なので13点となる。ゼリーは，枚数がスパゲッティより多かったが，第1希望が少なかったので7点半，逆にスパゲッティは第1希望が多かったので9点となり，枚数で比較した順位と入れ替わった。

【表2　枚数で比較する】

メニュー	枚数
カレー	18
ラーメン	18
ゼリー	12
スパゲッティ	10
サラダ	7
マーボー丼	3

【表3　点数化して比較する】

メニュー	点数
カレー	13点半
ラーメン	13点
スパゲッティ	9点
ゼリー	7点半
サラダ	6点
マーボー丼	2点半

（3）比べ方が複数ある中から自分で選んで表す

　最後に，枚数で比較するか点数化して比較するか，子ども達1人1人に選ばせた。自分が納得できる比較方法で，栄養教諭に結果を伝える手紙を書かせた。表現方法も伝わるようにわかりやすくかくよう工夫させることで，表や絵グラフ，○を使ったグラフなど，様々な表現方法を子どもから引き出すことができた。1年生から，複数の観点を扱って自分で判断させることは難しい。しかし，1年生にとって身近な題材を扱うことで，多様な角度から十分に議論できる。根拠をもって「意思決定」する課題を取り扱うことで，どんな課題に対しても柔軟で批判的な思考を続けられる子どもが育つだろう。

CHAPTER 2　算数の活用　その能力を拓く

算数の活用 5

「数学的な見方・考え方」を柔軟に活用して問題解決に立ち向かう
―「単位の考え」を活用する授業　第 2 学年「かさ」―

筑波大学附属小学校　大野 桂

「算数を活用する」とは

　人は，日々，様々な問題に直面する。そして，どのように問題に向き合うかを考えている。もし，今直面した問題が，解決のためには，**算数を用いることが妥当**だと判断したとしよう。その際に発揮されるのが**「数学的な見方・考え方」**である。そして，この一連の問題解決過程が**「算数を活用する」**ということであると私は捉えている。

　以下に示す実践でも，「ゲーム」という事象の中で，その勝敗について，子どもは，目に見える数値から，目に見えぬ単位に着目して考察し始める。そして，勝敗をきめるには「単位の考え」を活用させる必要があると判断し，問題に向き合っていく。そんな「単位の考え」をフル活用して問題解決に柔軟に向き合う子どもたちの姿を紹介する。

1　「単位の考え」を活用し"仮定する"

　ゲームに用いた素材は，L・dL・mL といった，異なる単位で表現された牛乳の量を表すカードを 3 枚ずつをそれぞれ封筒に入れたものである。

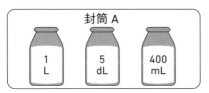
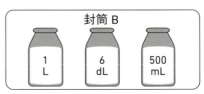

　ゲームの構図は"教師 対 子ども"。内容は，それぞれが選択した封筒から 1 枚ずつカードを引き出し，示された牛乳の量の大小比較をし，「牛乳が

多かった方が勝ち」という単純明快なものである。

　カードは，単位が記された部分の上に ミルク というシールを貼り，単位は隠しておいた。なぜなら，数値のみが目に見える状態で大小比較を迫ったときに，子どもが「単位の考え」を発動させ，活用すると考えたからである。

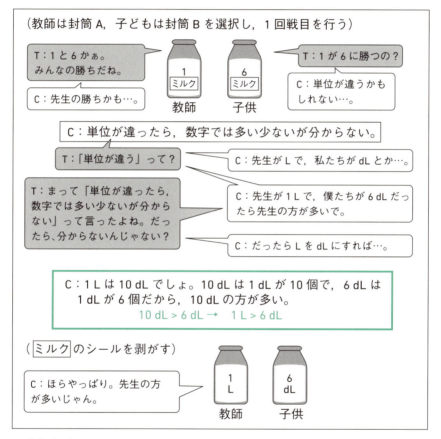

　単位を隠したことで，子どもたちは，目に見えぬ単位に着目し，単位を想像し，単位を仮にきめることで，大小関係を比べることの意味と方法を明らかにした。つまり，「隠す」という仕掛けが「単位の考え」を発動させ，「単位を仮定する」という「単位の考え」を活用する姿を引き出したといえる。

2 「単位の考え」を適用する

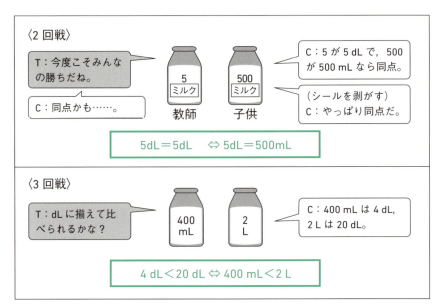

カードは封筒に3枚ずつ入っているのでゲームは3回戦行われた。こうすることで，自然と「単位の考え」を適用し，練習する場が設定できた。

3 「単位の考え」を加法へと活用

この後，授業は「液量の加法」へと進んでいった。

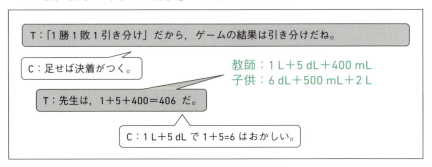

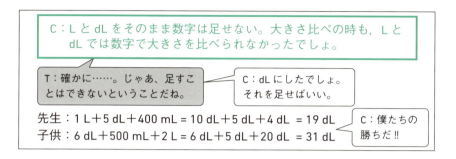

「1勝1敗1分け」という結果が，「決着をつけたい」という気持ちを着火し，「合計」，即ち「加法」へと子どもの活動を向けた。しかも，大小比較の際に用いた「単位を揃える」という考えと，dLに変換した数値を用いて，どの子どもも困難なく「単位の考え」を活用して加法を行えた。

4　再度，「単位の考え」を問題解決へと活用する

最後に「単位の考え」を活用する仕掛けがもう一段階用意しておいた。

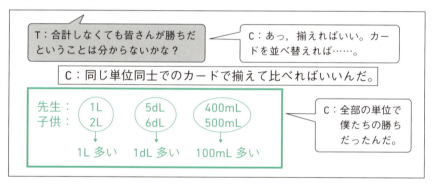

このように，どのカードも同単位でくらべると「1大きい」をいう仕組みにしておいたことで，最後に再度，同単位で比べるという「単位の考え」が活用され，柔軟に問題解決に向き合う姿を引き出すことができた。

直面した問題を解決するには算数が使えると判断し，「**数学的な見方・考え方**」を活用し，柔軟に問題解決に立ち向かう。これが「算数の活用」である。

算数の活用 6

写真をつかった算数を役立てる授業

東京都墨田区立二葉小学校　山田　剛史

1　「算数は役立つ」という実感を大切にする

　日本の子どもたちは，諸外国の子どもたちに比べて，算数・数学がよく身についているものの，肯定的な印象（楽しい，得意，日常生活に役立つなど）が低いという TIMSS2015 での調査結果が出ている。本章のキーワードでもある「日常の生活」に生かすという算数・数学のよさを伝えていくことは，算数・数学に対する肯定的な印象を高めていく大きな助けになるだろう。

　「日常の生活」での問題に取り組んだ小学校第 2 学年の実践を 2 つ紹介したい。どちらの実践も「野鳥の全長を知る」実践である。

2　野鳥の全長を知る 2 つの実践

（1）実践 1：出会った野鳥の種類を特定する

　この実践での「日常の生活」での問題は，子どもたちが出会った野鳥の種類を特定することである。第 2 学年の 2 月，クラスで冬の野鳥に興味をもって生活科の学習を進めていた頃に，右の写真の野鳥に出会った。すぐに「あの鳥は？」となった。

　翌日，その写真を見ながら野鳥の種類が何なのかを話し合った。図鑑の図や記述と照らし合わせて，“モズ”よりも“ジョウビタキ”の方が合いそうだが，全長について大きな違いがある，という意見が出た。図鑑にはジョウビタキの全長は 14 cm と載っている。しかし，一人の

出会った野鳥

子どもは「横を飛んでいたとき，どう見ても 20 cm はあったよ」というのである。「見た鳥の全長が分かればいいのに」となった。この算数の問題が解ければ，出会った野鳥の種類が特定できるのである。

見た鳥は写真に撮られている。その写真を子ども達にも配布した。写真を手にしてすぐに多くの子ども達がものさしで写真の像の全長を測った。そして，話し合いが始まった。

T：写真で全長を測ったら 4 cm 5 mm だったんだって。
C：でも，これは写真で，本物を測った方が。
T：他に意見がある人はいますか。
C：ぼくはこの写真を測ったんだけど，意味があると思う。なぜかというと，その（鳥の）下の網みたいなの。ちょうど一緒に 4 cm 5 mm だから，この，この網を測ってみたら，それくらいの大きさって分かるんじゃないかな。

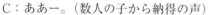

C：ああー。（数人の子から納得の声）

このやり取りだけでは納得できない子ども達から「もう鳥はいないのに実際に測りにいっても仕方ないよ」などと意見が出された。「あの網の長さを測れば，鳥の全長を測るのと同じことになる」と鳥の全長と網の長さが対応していることについて説明が加えられて網の長さを測る意味が共有された。そして，網の長さを実際に測りに行った。ところが，測った結果を報告し合うと，最長で 12 cm 8 mm，最短で 9 cm 8 mm と最大で 3 cm も違う。すぐに「おかしい」となった。どこを測ったかを確かめると，パイプを入れて測ったという子とパイプの内側を測ったという子がいた。さらには，パイプを入れるか入れないかを気にしてなかったから覚えていない，という子もいた。また，ものさしの扱い方も話題になった。「網に合わせるときに，手がはさまって定規が浮いている」というのである。実際に測っていたときのビデオを見ると「あ，なっている。」と声があがった。長さを測る対象とものさしの使い方を確認したところで，もう一度測りに行くと，結果は 10 cm

〜11 cm に収まった。出会った野鳥は奥に向かって傾いて立っているので，10 cm 〜 11 cm よりは全長が長いという結果を得た。出会った野鳥はジョウビタキでよいということになった。確かめとして，教師が 14 cm の野鳥の模型をつくり傾けて写真を撮ると，出会った野鳥の写真と同じように写った。

(2) 実践 2：ヒヨドリの"ヒヨちゃん"の全長を知る

　実践 2 も野鳥の全長を知る活動であるが，初めから「このヒヨちゃんの全長はだいたい何 cm ？」と教師が投げかけて始まった活動である。

　写真は，教室横のベランダで実際に撮ったビデオからキャプチャーしたものである。その写真をノートに貼れるサイズに印刷し全員に配布した。黒板掲示用の大きなものも用意した。

　写真を掲示，配布すると子どもたちは写真に写っているヒヨドリの像を物差しで測り始めた。子どもの中には「これを測っても分からないんじゃない？」と言っている子どもも

ヒヨドリの"ヒヨちゃん"

いた。全体で話し合いを始めると，ヒヨドリの像を測っても分からない，ということの以前に，そもそも知りたい「"ヒヨちゃん"の全長」とは，写真の像の全長なのか，"ヒヨちゃん"の実物の全長なのかの確認が必要になった。すぐに，教師が実物の全長であることを伝えた。

　「捕まえて測るのは無理」「捕まえて測ったら"ヒヨちゃん"がかわいそう」と意見が出された。さらに，写真に実際の全長を再現するには実際の全長を知っていないとできないことも話された。それでも，写真から"ヒヨちゃん"の全長をおおよそ知る方法が発案されなかった。教師から「今はその写真しか手がかりがないんだよね。その写真をよく見てごらん。やっぱり無理かな」と投げかけた。子どもたちが写真をよく見ると，ついに解決の糸口となる意見が出された。「みかんが何個分かで分かる」と意見が出された。すると「もう，みかんもヒヨちゃんに食べられてないよ」とさらに意見が出

された。写真のみかんを家からもってきた子どもが「違うみかんだけど，一緒にもってきたのが余っている」ということで，余っていたみかんの直径を測った。ほぼ 6 cm であった。写真のヒヨちゃんは写真のみかんの 4 倍（ここで用語「倍」を扱う）なので，6×4＝24 でヒヨちゃんはだいたい 24 cm ということになった。しかし，何人かの子どもから「写真のみかんは，もっと大きかったり小さかったりするかもしれない」と意見が出された。みかんが 5 cm だったら，7 cm だったらと，それぞれ 4 倍して，ヒヨちゃんの長さを求めた。

3　算数だからこそ，日常で役立てながら学ぶ

　実践 1・2 の共通点として，子どもたち自身が網の長さやみかんの長さを測ることが挙げられる。それは，どちらも直接測れない野鳥の全長を直接測れる対象（網・みかん）と対応させることで測っているからである。「網の長さ・みかんの長さをどこにするのか」と測定する対象を決めることや，「野鳥の全長を知るには何を知ればよいのか」と問題を解く条件を考えることは「日常生活」での問題に算数を役立てるために欠かせないプロセスである。このプロセスを子どもが経験することが大切だろう。このようなプロセスを経験してこそ，「算数は役立つ」という実感が生まれるのではないだろうか。

　実践 1・2 には違いもある。問題に取り組むまでの経緯の質が違うのである。実践 2 においても直接測れない全長を知るときに算数が役立ったという実感はあるだろうが，実践 1 の方がより算数が役に立ったという実感を得やすいと考えられる。実践 1 は，子どもの活動の経緯によって算数をする目的が決められているのである。

　現実が整理された問題だけを扱っていては，子どもたちが「算数は役立つ」という実感を高めていくことは中々叶わないだろう。「日常の生活」の問題から目をそらさずに教材研究をし，子どもと向き合う教師でありたい。

CHAPTER 2　算数の活用　その能力を拓く

| 算数の活用 7 |

子どもの中の算数を育む

東京都教育庁指導部　毛利 元一

1　子どもの中の算数

　「算数は存在するのだろうか」。学校では，編成された教育課程に基づき，国語，社会，算数，理科などの教科等による学習が行われているが，これはあくまで大人が作り上げた枠組に過ぎない。では，子どもの中に算数は存在するのだろうか。答えは，「ある」。ただし，子どもの中には，ここまでが算数で，ここからは国語というような明確に区分けされた世界があるわけではなく，もっとあやふやなものであろう。

　子どもたちは日々の生活の中でも，朝起きてから学校に登校するまでの短い時間の間でさえ，数や記号を使ったり，図や式で表された関係を読み取ったりと数理的な処理をしているが，算数を活用しているという意識は薄いのではないだろうか。よって，子どもの中の算数をより大きく育むためには，平成 29 年告示学習指導要領で示された「日常の事象から見いだした問題を解決し，その結果や方法を日常生活等に生かす」ことは大切な視点である。

　では，算数の授業においては，学習する内容に関連する身近な生活場面を取り上げ，問題解決を図っていけばよいのだろうか。「生活場面の問題や生活場面での活用」を小さく捉えることで，「買い物で計算ができればいいのではないか」「分数のかけ算，わり算は生活でほとんど使わないから意味がないのではないか」といった議論にもなりかねない。そこで，子どもの中の算数を育むためには，算数で学習する内容そのものを生活の中から問題として取り上げるだけではなく，問題の解決に必要となる算数特有の見方・考え方を大切にした授業を行う必要があるだろう。

2　内容から見方・考え方へ

　昭和 20 年代の中頃から 30 年代の中頃，いわゆる「生活単元学習」時代の算数授業では，子どもたちの生活場面の中から見いだされた問題をもとに，学習する傾向が見られた。昭和 26 年，文部省から示された「小学校学習指導要領　算数科編（試案）改訂版」の「算数科の一般目標」という項目で，「算数とわれわれの生活」について述べられているので，一部を抜粋してみる。

> 【算数とわれわれの生活】
> ・人類は，生活の必要から，個数を数える方法や数を記録する方法を進歩させてきた。
> ・計算を用いると，数えるという肉体的精神的な労力を節約することができる。
> ・生活の必要から，いろいろな測定器具が発明されてきたので，それを用いると，手軽にしかも詳しく量の大きさを知ることができるようになった。
> ・図形を用いると，物の形や構造をやさしく他人に伝えることができる。
> ・用語や記号は，記録したり，考えを整理したり，また，物事を他人に伝えたりするのに簡単で便利である。

　「算数で学習した内容を生活場面で活用する」ことを強く意識していたことが分かるだろう。そして，算数科の一般目標の意義については，「教育の目的や教育の一般目標を実現しようとして，こどもの具体的な生活を分析したり，おとなの社会生活を考察したりして，それらの生活に必要なものの中から，数量的な処理に関するものをとりだし，これを，こどもの成長発達を考慮してまとめたものが算数科である」と述べている。まさしく，生活と密接に関係した算数の位置付けであった。

　なお，この生活単元学習に基づく教育に対しては，学力低下等の議論がなされた結果，昭和 33 年に告示された学習指導要領では，算数・数学の系統性が強調された，いわゆる「系統学習」時代となり，次いで「数学教育の現代化」時代となっていく。その後も，時代の背景に応じて「基礎・基本の重視」「新しい学力観」「生きる力」などのキーワードが示されていく。近年においても，学習内容を減らした「ゆとり教育」による学力低下が叫ばれ，学

CHAPTER 2　算数の活用　その能力を拓く

習内容や時数が増加してきた経緯がある。

このような状況からも，算数で大切にしなくてはならないことは，学習内容や時数の大小ではなく，算数を通してどのような見方・考え方を身に付け，働かせていくかであり，「算数を日常生活に生かす」際にも，算数で学習する内容だけではなく，算数特有の見方・考え方を生かすことが大切である。そして，授業で育まれた子どもの中の算数が，将来の社会の中で，どのように生きていくのかを明らかにすることが必要であろう。

3　算数特有の見方・考え方を育む

第1学年で「長さ，広さ，かさ」などの量を比べる学習がある。例えば，長さの授業では，比べたいものを直接重ね合わせて比較したり，テープなどの他のものに置き換えてから比較したりする。その後，どれだけ違いがあるのかを明らかにするために，鉛筆や消しゴムといった適当な基準を単位として比較していく学習がよく見られる。

この学習で身に付ける知識及び技能は，「量を直接及び間接的に比べたり，身の回りの大きさを単位として比べたりすること」であるが，この学習で身に付けた測定の知識や技能だけを「日常生活に生かす」ことで終わらせたくはない。

この学習で大切なことは，人類が量の測定をどのように行ってきたのかを追体験することで，算数特有の見方・考え方である「そろえる」「数で表す」ことなどを身に付け，その見方・考え方をこれからの生活にも生かしていくことである。

今回は，特に「そろえる」という見方・考え方について取り上げてみたい。「量と測定」の学習では，まず基準となる位置を「そろえる」ことで，「AとBとでは，Aのほうが長い」などと直接に比較することが可能となる。次に任意の単位を「そろえる」ことで，「消しゴムの3つ分の長さ」などと数で表して比較することが可能となる。さらに，その量の大きさをより客観

算数の活用 7

的に表すために，普遍の単位に「そろえる」ことで，「10 cm の長さ」と表した量の大きさは，世界中のどこにいても共有できることになるのである。

この「そろえる」という見方・考え方を教師が価値付け，大切にした授業をすることで，子どもたちは，その後の学習においても「形をそろえる」「大きさをそろえる」「位をそろえる」など，たくさんの「そろえる」を見付け，「そろえる」ことを活用して問題を解決していくことができた。子どもの中に「そろえる」という見方・考え方が育まれたのである。この「そろえる」は，大人も目的や方向をそろえて組織的に取り組んだり，量的・質的な面から条件をそろえて比較・判断したりしているのではないだろうか。

改めて，私が育みたい「子どもの中にある算数」は，算数の学習内容ではなく，算数特有の見方・考え方である。今回は「そろえる」を例にしてきたが，算数の授業を通して，子どもの中に，「対応させる」「並べる」「集める」「分ける」「くっつける」などの見方・考え方をたくさん見付けることができるのではないだろうか。そこで算数の授業を組み立てる際には，学習内容にどのような算数特有の見方・考え方があるのかを，できるだけ簡易な言葉で位置付けておくことが大切である。そして，授業の中で発せられる子どもの言葉に寄り添い，その言葉の価値を見方・考え方と関連付け，その見方・考え方をさらに膨らませていくことが必要である。

さて，前述の「小学校学習指導要領　算数科編（試案）改訂版」には，算数科の一般目標として「算数を，学校内外の社会生活において，有効に用いるのに役だつ，豊かな経験を持たせるとともに，物事を，数量関係から見て，考察処理する能力を伸ばし，算数を用いて，めいめいの思考や行為を改善し続けてやまない傾向を伸ばす」ことが挙がられていた（下線筆者）。生活単元学習は，その内容のみが着目されがちであったが，しっかりと算数特有の価値が位置付けられている。

[引用文献] 文部省（1951）．小学校学習指導要領 算数科編（試案）改訂版．（国立教育政策研究所 学習指導要領データベースより）

算数の活用 8

子どもがよく飲む飲料水に目を向けて
ジュースの中の砂糖の量を子どもが調べたくなる活用法

国立学園小学校　佐藤 純一

1　ジュースの中の砂糖の量を調べる

　比例の考え方を活用して，清涼飲料水の中に含まれる砂糖の量を求める学習を展開する。子どもたちに「一週間にどれくらいジュースを飲みますか」と聞くと，多くの子どもが「今日は何の学習をするのかな」と興味津々になる。日常生活の中でよく飲んでいる清涼飲料水だが，子どもたちはその中に砂糖がどれくらい入っているかについて意識したことはない。それは，容器に砂糖そのものの量が表記されていないからといえる。そこで，「ジュースの中の砂糖の量は炭水化物で表記されています」と教え，実際に容器に表記されている栄養成分表示の写真を黒板に掲示する。

　次に，子どもたちに人気の高かった 1.5 L の CC レモンを取り出し，実際に砂糖の量はどれだけ入っているのか，その計算の仕方を考えさせる。子どもに栄養成分表示を見せ，100 mL あたりの炭水化物の量が 10.1 g となっていることを確認する。そして，「1.5 L ではどれだけになるでしょう」と問う。するとすぐに反応して，「10.1 g を 15 倍すればいい」と答えた。計算すると 151.5 g になるが，この数値を見ても子どもたちは特に何の反応もしなかっ

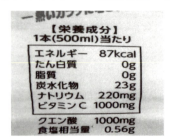 

た。そこで，砂糖の量を具体的にイメージしやすくするために，「角砂糖1つは4g，スティックシュガー1本は3gあります。1.5LのCCレモンでは一体どれだけになるでしょう」と問いかけた。この時の反応は素早く，「151.5÷3＝50.5」をすぐに計算し，スティックシュガーが50本も入っていることに気づくと，驚きの声が聞こえた。

2　他のジュースも調べてみたい

　ジュースの中の砂糖の量を調べることができた子どもたちは，「他のジュースについても調べてみたい」と言ってきた。私は当然そうなるだろうと，いくつかのジュースを用意してきた。そして，テーブルの上にいろいろな飲み物を並べ，「次の飲み物の中で，一番砂糖が入っているのはどれか」と問い，自分の予想ベスト3をノートに書かせた。

このままでは比べられないよ

　子どもたちの予想を発表していると，ある子が「ここにある飲み物は，量がバラバラです。どうやって比べたらいいですか」と質問してきた。私は意図的に量がバラバラな飲み物を用意してきたので，「よくぞ気づいてくれた！」という思いだった。子どもたちからは，「全部1L中として考える」という意見もあったが，「いつも飲んでいる量の500mLで比べたい」となった。またこの中で，水は「$1\,cm^3 = 1\,mL = 1\,g$」だが，他の飲料水は密度がちがうのでそうとは言えない。そのことを伝え，今回は他の飲料水も水と同じ密度として計算することにした。

3　砂糖の量を調べる活動では

　二人一組になって飲み物を2つ選び，一人が計算したものをもう一人が確かめるようにした。早いところは，3つも4つも計算していた。ただ，表示を見ると，ほとんど全部が「100 mL あたり」となっていたので，計算はどれも5倍すればよかったので楽だった。

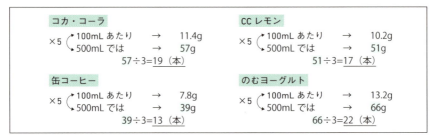

4　子どもたちが調べた結果

　今回は，角砂糖の個数ではなく，スティックシュガー何本かで結果を表すことにした。子どもたちには，角砂糖はあまり知られていなかったからだ。
　黒板に次々と結果が発表されていくと，子どもたちは自分の計算と合っているかを確認していた。そして，砂糖の量が多かった飲み物として予想していたミルクティや缶コーヒーではなく，アップルやファンタが上位だったことに対して，驚いた様子だった。なんといっても，のむヨーグルトに実際一番多く砂糖の量が入っていることが分かり，私も含め意外性を感じていた。

子どもたちが調べた結果

・午後の紅茶	7本	・アップル	22本
・オランジーナ	18本	・レモンスカッシュ	16本
・缶コーヒー	13本	・コカ・コーラ	19本
・のむヨーグルト	22本	・ファンタ	20本
・午後の紅茶ミルクティ	13本	・CCレモン	17本
・ピックル	18本	・レモンティー	12本

アップルジュースって意外に多いんだね。

のむヨーグルト大好きな飲み物なのに…。

実際ベスト4

1. のむヨーグルト
1. アップル
3. ファンタ
4. コーラ

5　自ら動き出した子どもたち

　この授業が終わった翌日から，子どもたちから次々と報告が届いた。それは，学校で扱った以外の飲み物の砂糖の量を調べたものだった。子どもから，「あの授業以来，ジュースを買うと，必ず『栄養成分表示』を見るようになった」という声や，保護者からも，「子どもが飲み物を買うとき，炭水化物の量を計算して，物を選ぶようになった」という声を聞いた。算数が活用されている。

子どもたちが調べてきた飲み物

・レモンウォーター	7本	・カルピスソーダ	14本
・アクエリアス	8本	・ファンタグレープ	19本
・オランジーナ	15本	・マッチ	16本
・なっちゃんぶどう	20本	・カルピス	19本

もっと砂糖が入っている飲み物がある‼

元気ハツラツ オロナミンC

$\times 4.2$ 120mL あたり　→　19g
500mL では　→　80g
80÷3＝約27（本）

　その後，「一番砂糖が入っている飲み物は，オロナミンCだ」と発見した子どもがいた。また，現実的なこととして，「500mLのコーラを一週間に2本ずつ飲み続けると，1年間に砂糖の量はどれだけになるか」を計算してきた子どもがいた。1年間は約52週で，コーラ500mL中の砂糖の量は56.5g。よって，56.5（g）×2×52＝5876（g）。スティックシュガーだと，5876（g）÷3＝1958.7…。つまり約1959本ということ。「この場合，単純に5876gは約6kgの砂糖だというだけでも，その固まりを想像するだけで恐ろしい」との報告だった

算数の活用 9

よりよく解決することを追い求めて

山口県美祢市立秋吉小学校　中村　浩司

1　活用の第一歩は既習から未習を見いだすこと

　新学習指導要領のキーワードの一つに「主体的・対話的で深い学び」がある。児童自らが問いを生み出し主体的に取り組み，友だちや教師，問いと対話しながら学びを深める，そういう活用を目指したい。そのためには，まず既習事項を振り返る中で，未習である新たな問いを見いだせることが必要となる。できれば単元を通して毎時間の授業が既習から未習へと連続するような流れがあれば言うことはない。問題解決の後に，新たな問いを見いだすというつながりのある授業を意識し，単元全体の授業を計画していきたい。また，新たな単元では，関連する既習事項を振り返らせることで未習との違いを明確にし，問いを見いだすことができるようにしたいものである。

　そこで「数と計算」領域はもちろんのこと全ての領域において「数」にこだわり，次の視点で，既習事項を捉えなおすようにする。そうすれば新たな問い（未習）が見えてくる。学年を横断する新たな問いも生まれる。

> **「数が変われば，どうなるか」**

　例えば，加法であれば

【1年】　○1位数＋1位数（繰り上がりなし）
　　　　　　→「数が大きくなると10を超えてしまう？」
　　　　　○1位数＋1位数（繰り上がりあり）
　　　　　　→「数が2桁になると？」
　　　　　○2位数＋1位数（繰り上がりなし）

　　　　　↓　　→「もっと数が大きくなると？」

【2年】｜　○2位数＋2位数

　　　　｜　　→「数が大きくなってもできる？」

　　　　↓　○簡単な場合の3位数のたし算……【3年以降】

乗法であれば

【2年】｜　○1位数×1位数（かけ算九九1回適用）

　　　　｜　　→「2桁×1桁はどうなるのかな？」

　　　　｜　○2位数×1位数（かけ算九九2回適用・繰り上がりなし）

　　　　｜　　→「一の位のかけ算が繰り上がるときどうすればよいかな？」

【3年】｜　○2位数・3位数×1位数（かけ算九九2・3回適用）

　　　　｜　　→「かける数が2桁になってもできるかな？」

　　　　↓　○2位数×2位数，3位数×2位数……

減法・除法においても，加法・乗法と同様に問いが連続すればよい。

　長さ・面積・体積などでも「数が大きくなれば」という視点で，単位について，よりよいものを考えていけば，新たな問いが生まれ，単位の考えを深めていくことができる。

　このように既習事項をもとに問いをもつことに日常的に取り組むことで，主体的に算数の対象を見いだし働きかけることができるようになる。新学習指導要領解説にも「活用の中には，既習の内容を活用して新しい算数の知識及び技能などを生み出すことも含まれる」と記されている。まずは未習を見いだし，働きかけ，新たな知識等を生み出すことを大切にしたい。

2　統合的にみることで活用の幅を拡げる

　児童は，単元を横断的にみることが少ない。これは教師にも言えることである。一つ一つの単元で完結してしまい，他に波及することがほとんどない。例えば，小数は小数，分数は分数だけの世界でとどまっていることが多く，整数とは別のものという感覚に陥りやすい。これでは活用の枠を狭めてしま

う。活用するためには統合的にみることも必要である。

例えば，1年で十を単位としてみられる加法（何十）＋（何十）を扱う際，30＋20であれば，10が3つ分と10が2つ分，あわせると10が3＋2＝5，10が5つ分で50というように導き出している。300＋200等も同様に，100を単位としてそのいくつ分かを求めて導き出している。しかしその原理は答えを導き出すことだけにしか使われていない。

使った原理をもとに既習事項を見直すことで，今まで，まるで違う計算だと思っていたものが，同じ仲間に見えてくるような統合的にみる経験を積むことも必要である。これは整数から小数に変わったり，分数に変わったりするときに特に大切である。こうすることで小数や分数も整数と同じ数であることを意識させることもできる。そこで，以下のようなことを低学年の段階から意識して取り扱っていきたい。

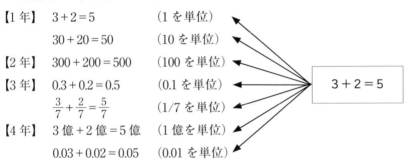

また，乗法や除法の原理をもとにし，統合的にみれば，難しいと思われがちな割合の構造も簡潔に見えてくる。

【割合を求める場合・包含除】

> （例題）24個のみかんを1人に8個ずつ分けると何人に分けられる？
> 【除法】いくつ分にあたる大きさ÷一つ分の大きさ＝いくつ分（何倍）
>   　　　　　24　　÷　　8　　＝　3
> 【割合】　　　　　比較量　÷　基準量　＝割　合
> （例題）定員8人に24人の希望者，希望者は定員の何倍？

算数の活用9

【比較量を求める場合・かけ算】

> （例題）1 皿に 8 個ずつ乗ったみかんの 3 皿分の個数は？
>
> 【乗法】一つ分の大きさ×いくつ分（何倍）＝いくつ分にあたる大きさ
>
> $\qquad\qquad$ 8 $\qquad$ × $\qquad$ 3 $\qquad\qquad$ ＝24
>
> 【割合】$\qquad$ 基準量 $\qquad$ × $\qquad$ 割 合 $\qquad$ ＝比較量
>
> （例題）希望者は定員 8 人の 3 倍，希望者の人数は？

【基準量を求める場合・等分除】

> （例題）24 個のみかんを 3 人に同じ数ずつ分けたときの 1 人分の個数は？
>
> 【除法】いくつ分にあたる大きさ÷いくつ分（何倍）＝一つ分の大きさ
>
> $\qquad\qquad$ 24 $\qquad$ ÷ $\qquad$ 3 $\qquad\qquad$ ＝8
>
> 【割合】$\qquad\qquad$ 比較量 $\qquad$ ÷ $\qquad$ 割 合 $\qquad$ ＝基準量
>
> （例題）定員の 3 倍の希望者が 24 人，定員の数は？

　このように統合的にみることにより，物事を関係付けて考えたり，多面的にみたりする力が育まれ，活用する力も自ずと向上する。

3　算数的な視点で日常の事象を捉えなおす

　「日常の生活に活かす」とは日常の事象を算数的な視点（数学的な見方・考え方を働かせ）で捉えなおし，問いを見いだし，今までの学習で身に付けた力を使って，よりよく問題解決することであると考える。そう考えれば，日常の至る所に問題が存在する。例えば新幹線一つをとってみても，速さ・割合や比の問題，座席を使った場合の数等，様々な問題を見いだすことができる。生活に活かすことを特別なものと考えるのではなく，児童も教師も算数的な視点をもって，日常の事象を見つめなおしてみるとよい。きっと素晴らしい素材が存在しているはずである。それらを算数の問題として捉え，よりよく解決することを追い求めること，それが何よりの活用である。

CHAPTER 2　算数の活用　その能力を拓く

算数の活用 10

「子どもたちの中の算数を引き出す」こと が「活用できる算数」へのはじめの一歩

福岡県赤村立赤小学校　千々岩 芳朗

1　日常生活で算数を活用するということ

　人は，日頃から算数を用いている。ただ意図的に用いている場合と無意識に用いている場合がある。意図的に用いている場合は子どもたちの生活を考えると，そのほとんどが学校での算数学習の中が中心になると考えられる。

　無意識に用いている場合も二つに分けることができる。それは，学習したこと，既習事項を無意識に活用している場合と，元々子どもたちが，子どもたちの中に持っている算数的感覚を活用しようとしている場合である。では，子どもたちが算数的感覚を用いている場合はどんなときなのかと考えてみると。次のようなことが挙げられる。

① ものの個数を数えるとき
② ちがいを見つけるとき（差）
③ 比べるとき（長さや重さ等）
④ 割合を考えるとき（半分など）
⑤ 図形について（形について）

> **算数的感覚とは……**
> 　算数は日常の事象に端を発する教科。子どもは生まれながらにして日常からその算数を判断などに生かしている。そんな力をここでは，算数的感覚と呼ぶことにする。

などが思い浮かぶ。それぞれの具体的な内容を考えてみる。

　まず①「ものの個数を数えるとき」では，就学前の子どもたちにおいても「ひとつ，ふたつ……」と数えたり，いくつかのかたまりを作って数えたりしている。具体物を数という抽象化されたものに置き換えたり，かたまりを見いだしながら数えたり，またかけ算につながるかたまりを意識して数えたりしている。

　次に②の場合を考えてみる。例えば，2人の子がおはじきをいくつかずつ

持っていたとする。そんなとき「僕の方が多い」「私の方が多い」と自己主張？　している子どもたちを見たことはないだろうか。こんな場面では，子どもたちは，個数を数えて比べたり，並べて個数の多い方を見つけようとしているのではないだろうか。これは，差に着目したり，対応を考えたりして比べている状況である。

　③の長さや重さを比べる場面では，子どもたちは自然に直接比較をしてみたり，直接比較できないときには，手など体の一部を使ったり，他のものを使ったりして間接比較をしようとする。以前，1年生の教室に大きな机を子どもたちが登校する前に置いておいた。登校した子どもたちは，昨日とは違う教室の様子に戸惑っていたが，「どうするの」と問いかけると「机を出す〜」と声が返ってきた。そのとき，子どもたちは大きな机を戸口から出すことができるのかどうかを調べるために，ある子の筆箱を任意単位として用いたのだった。

　次に④の場合を考えてみる。割合というと小学校算数の中でハードルの高い学習の一つである。しかし，子どもたちは低学年，いや就学前から，この割合考え方を自然とそれこそ無意識に用いている。例えば「半分」。よく子どもたちは，二人でケーキなどのものを分けるとき，この「半分」を使っている。全体からみて「半分」を考え分けようとしているのだ。これは割合の考え方であり，「半分」のイメージが子どもたちの中にあると考えることができる。また，子どもたちを取り巻く社会環境には，「割合」があふれており，50％というものが対象になるものの「半分」であることを子どもたちは知っているのだ。

　このように，子どもたちは無意識に子どもたちの中にある「算数」を自らの生活に生かしている，つまり活用していると言えるのではないだろうか。しかし，これはあくまで無意識，そしてもとより子どもたちの中にある「算数的感覚」によるものであって，「算数」として子どもたちの使える力にはなっていない。この子どもたちの使える力にしていくことが，算数授業の意

CHAPTER 2　算数の活用　その能力を拓く

味の一つであり，子どもたちが算数的感覚を算数として認識させていくこと
が，算数の授業の中だけでなく，日常の生活の中で，算数を意図的に使うこ
と，活用することにつながるのではないかと考える。

2 「算数的感覚」を算数のテーブルにのせる

　では，「算数的感覚」をどのような算数授業を通して，算数のテーブルに
のせていくことができるのであろうか。先に示した算数的感覚を用いている
場合⑤の「図形について」を例に考えてみよう。

　例　対称な図形

　私は，6年生で「対称な図形」を学習するとき，いろいろな形を提示し
「美しい形はどれですか」と問う。すると，子どもたちほぼ全員が美しいも
のとして線対称である図形を選ぶ。これは，日常子どもたちの周りに線対称
な形がたくさん存在し，人自体がほぼ左右対称形にできているためために，
自然と線対称である図形に美しさを感じているものと考えられる。その図形
の共通点を考えさせると，「折るとぴったり重なる」と線対称である図形の
特徴を見つけ出す。さらに「どうして，折るとぴったり重なるのか」という
問いを投げかけると，折り目（対称の軸）に対する対応する点を結ぶ直線の
関係や対称の軸から対応する点までの距離など子どもたちは簡単に見つけ出
す。子どもたちの感覚からスタートした学習が，算数のテーブルにのった瞬
間であると考える。

　ところが，点対称である図形については，そうはいかない。子どもたちの
感覚では，「美しい」「よくわからない」という考えに分かれる。しばらくそ
の図形（点対称である図形）を操作させていると，「2回折ると重なるよ」
「回すと（180度）同じ形に戻るよ」などという声が出てくる。なぜそうな
るのかを考えさせると，回すときの中心（対称の中心）と対応する点の関係
に子どもたちは気づいていく。ここでようやく漠然と美しさを感じた意味を
子どもたちは理解し始める。ここにおいても，算数的な感覚が算数のテーブ

算数の活用 10

ルにのってきた場面であるといえるだろう。

　しかし，その算数の理解が浅いとき「不完全な知識によって感覚が消えていく場面」もある。前述の対称な図形でもそのような場面に出会うことがあった。学習場面は，点対称な図形の作図学習。線対称である図形の作図は，子どもそれまでの学習をもとに正しく作図することができていた。点対称である図形についても，対称の中心と対応する点の関係などについて理解していたのだが（理解が浅かったと考えられる），いざ，一部分が不完全な点対称である図形の作図に取り組んだとき，間違った図形を作図しても，平気な顔をして「できた」と喜んでいる子が見受けられたのだ。不完全な知識が感覚を押さえ込んでしまい，美しいのかどうなのかを判断できなくなっていたのだ。ここに現れたのは，感覚と新しい知識（理解不足の知識）のずれであり，不完全な知識が感覚の邪魔をしている例だと考える。このような場合，もう一度最初の感覚（点対称である図形）見たときに立ち返り，感覚と算数の整合を図るとともに，知識・技能の理解を深めていくことが重要になると考える。ただ感覚を算数のテーブルにのせて終わりではなく，感覚と知識がしっかりと子どもたちの中に確認していくことが大切である。

　このような授業場面を多く作っていくことによって，子どもたちは自分がもっている「算数の感覚」を「算数」として理解を深めていく。この理解の深まりが，日常において活用できる算数へと進化させていくことができると考える。

3　子どもたちの日常に「算数」を戻す

　子どもたちは，普段算数を意識しているわけではない。しかし，算数はかなりの頻度で「活用」されている。その無意識の活用を出発点とした学習場面を設定していくことから，子どもたちの感覚を算数へと昇華していくことができると考える。そうすることで子どもたちは，算数の目で自身を取り巻く様々な事象を見つめる力を身につけていくことができると考える。これこそが，算数を日常生活で活用することであると私は考える。

CHAPTER 2　算数の活用　その能力を拓く

算数の活用 11

子どもが算数の学びを活用するとは

成蹊小学校　尾崎 伸宏

1　既習を活用する意識を育てる

　平成 29 年告示の学習指導要領では、「日常生活に生かすこと」という文言が入ってきた。算数の授業の中で、基礎的・基本的な知識を身に付けたことを、学校生活や学校行事、他教科など、進んで活用していく子を育てることであるととらえる。また、教師にとっても、将来にわたって子どもが算数の学びを生かしていくことを意識して指導していく必要があるのである。私は今後、子どもが算数の学びを家庭や学校での生活、また、学校行事など身近なところで活用できるべく、授業の中で活用力を培う授業を教師が仕組むことが必要であると考える。

　そのためにまず、算数の授業の中で既習を活用する体験を積み重ねることが大切であると考える。既習を生かすことが身につけば、次に教科を越えて算数の学びを活用することにもつながる。そして最終的には、生活の中で算数の学びを活用するといったようなス

> 〈算数の学びを活用するステップ〉
> 算数の既習を活用
> ↓
> 教科横断的に算数の活用
> ↓
> 生活の中で，算数の学びを活用

テップとなることだろう。そして、困った場面に遭遇した際に、算数の学びを生かし、困難を克服することにつながるのではないかと考える。

　また、学校生活や家庭で身近に算数が使われているものを見つけたり、算数を活用する有用性を実感させたりすることも必要である。

2 算数の既習を活用する 6年「円の面積」

　算数の授業の中で，既習を活用して解決している子どもの姿とは，どんな姿なのか。6年生に「円の面積」を求める学習がある。子どもたちは5年生までに，正方形，長方形，平行四辺形，三角形，台形，菱形などの面積の求め方を学習している。平行四辺形の面積を求める学習では，図形を切って動かし，既習の長方形に変形して体積を求める経験をしている。6年生の円の面積の学習でも，既習の形に変形して求められるかがポイントである。

　実際の授業では，「円の面積を求めるには，どうしたらよいか」と子どもたちに発問し，活動した。子どもは，「**切って，折って，既習の形にすれば，解決できる**」という発想のもと，解決しようとした。子どもたちは，円のままでは，解決できないので，円を分割することによって，何とかできないかと考えた。結論を言えば，何等分に分割に分割しても解決に至るが，子どもたちは，$\frac{1}{8}$，$\frac{1}{16}$ に折り，切ったものを活用する子が多かった。$\frac{1}{16}$ では，平行四辺形，三角形，台形に変形する子がいた。$\frac{1}{16}$ に分割，変形すると，三角形，台形に変形することができる。「知っている形にすれば，求められる」という既習のアイディアを活用したものである。そして，それぞれの式を整理すると，どの形も「半径×3.14×半径」にまとまる。当然，一つの円を分割して組み合わせているので，変形は違っても，同じ式にまとまるが，子どもたちからは，「**へぇー。みんな同じ式にまとまるんだ**」という反応が返ってきた。中には，家庭で「32

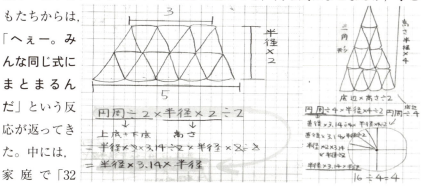

分割で組み合わせたら，菱形もできたよ」と取り組んだ子もいた。何分割でも，既習の形になるが，「もし，分割を増やしたらどうなるかな」という発想を持てたことこそ，子ども自らが既習を生かす姿である。

3 教科横断的に算数の学びを活用する

5年生の理科で「もののとけ方」の学習がある。ここでは，実験を通して，物の変化の規則性についての見方や考え方を養うことが目的である。具体的には，食塩やミョウバンが水に溶けた後，溶液の質量はどうなるか，食塩やミョウバンを溶かすにはどうするかなどを学習する。

〈水に溶かしている場面〉

〈質量を測っている場面〉

これらの実験を行う中で，「水に溶けた食塩やミョウバンの濃さについてはどうなのかな」と子どもの問いが生まれた。そして何％が食塩の濃さになるのか，考えることにした。つまり，理科の学習で生まれた疑問を，算数の学習を活用して解決するのである。「食塩が20 g，水が100 g。だったら $\frac{20}{100}$ かな。それとも，食塩水は20＋100で120 gになってるから，$\frac{20}{120}$ かな」など，子どもたちで検討させた。その後，求める式は，$\frac{20}{120} \times 100$ になることを教えた。計算すると，約

$$濃度（％）＝ \frac{食塩の重さ}{全体の重さ} \times 100$$

食塩水120（g）のうち20（g）が食塩
　ア　20÷120×100≒16.7（％）
　　　　　　　　　(16.6666)
　イ　20÷100×100＝20（％）

算数の活用 11

16.7％の濃度になる。予想では，多くの子が20％だったので，驚いている子どもが多かった。今回，子どもの疑問を解決する授業が実現したのは，先に百分率の学習をしていたからであった。

4 生活の中で，算数の学びを活用する

　算数の学習で学んだことが，自然と生かされている場面がある。例えば，「社会科見学の計画づくり」である。子どもたちが，グループで相談し，時間の範囲内で，目的地を決めるのである。そのためには，地図の活用，時間　その他，交通機関などを考慮して，計画づくりをしなければならない。

　例えば，教師の仕掛けとして，時計はグループで一つ。また，観光案内書所で配布されている地図を少し改善したものを配布する。今回は，地図から，距離と時間を割り出し，目的地を選び，計画を立てることが目的である。計画には，まず，距離と時間を割り出すところから始まる。そこでは，拡大，縮小で学んだ経験が効いてくる。さらに，距離が分かったところで，移動時間が割り出せる。

〈小江戸川越観光協会マップより〉

算数で学んだ速さの学習が活用されるのである。

　実際の見学では，突発的なことが起きるが，時計と地図，方位磁針，必要なお金を持って臨む社会科見学は，まさに算数で学んだ感覚や対話が生かされる絶好の機会であった。

〈実際の見学の様子〉

算数の活用 12

ものごとを整理して考えるための資質・能力を育むための活動とは

三沢市立三沢小学校　熊谷　純

1　実際に活動して調べる活動を通して

　かわり方を調べる学習において，ある紙を折って，その折った数と，折ってできた線の数や長方形の数の関係を調べるという学習（下の図のような）がある。

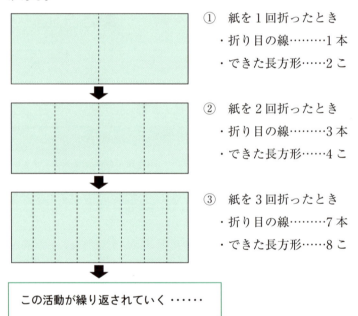

　一見すると，順々に調べていけば，それぞれの変化について確実に数が決定していくように考えられる活動である。しかし，折る数が5回目を過ぎたあたりから，この考え方が使えなくなる。

なぜなら，小さな紙などでは，きちんと折って折り目の線をつけるのが難しくなってくるのだ。折るたびに紙がかさばってくるからである。

　はたして，この活動は途中から続けられなくなってしまう。そして，これこそがこの問題の本質になる。

　子供が具体的な活動だけで答えを求めようとすると，「折った数が多くなったときの線の数や長方形の数はどうなっているだろう」と尋ねられたときに，「実際に折ることができない」という回答になってしまう。

2　思考で調べていくための準備

　前述のように折る回数が多くなったときの，線の数や折ってできた長方形の数を調べるためには，準備が必要になる。つまり，1回目から順に表などに整理しなければならなくなるのだ。

折った回数	1	2	3	4	5
線の数	1	3	7	15	?
長方形の数	2	4	8	16	?

　もちろん，これは教師が表にまとめようと指示をして行うより，子供が自主的に表にまとめ始めるのがよい。

　前のページの図やそこに記した折り線の数などをカードなどに書いて動かせるようにするなどの工夫をしておけば，自然と子供から「並べ直して見やすくしたい」という言葉を導き出せる。

3　思考しながら整理して考える活動へ

　この授業のここまでの流れは，

① 　紙を実際に折る活動をする。

② 　ずっと折り続けることができないことを体験する。

③ 　もっと折った時の折り線や長方形の数を知りたいと思う。

④ 　そのために，今まで調べたことを整理して表に表そうとする。

CHAPTER 2　算数の活用　その能力を拓く

ここまで子供たちに主体的に取り組ませてこそ，この学習のねらいが鮮明になってくる。

つまり，決まりを見つける活動を行えば，実際に机上で体験することがなくても結果を導くことができるということである。

前述の表を見ることで，子供たちは様々な決まりを見つけるであろう。しかし，この学習で大切なのは，実際に活動して数えなくても，この先に現れるであろう結果を知るすべがあると知ることである。

4　例外を通して

このような学習を進めていくと，結果のみを速く求めることが目標になる子どもが見られるようになることがある。

私は「子どもたちが自らたてた見通しを盲目的に信じて結論を急ぐ態度」は，算数を生活に生かす力を育むうえで障害になると考えている。また，「他の友達の持った見通しに追従する態度」でも同様である。

子どもがたてた予想については，子ども自身が最後までしっかりと確かめたうえで，「結果」として述べる力をつけたいと考えている。また，そのような力を育むことが算数の学習を日常生活に生かすために必要だと考える。

このような考えに基づき，次のような学習を単元の最後に取り上げたりしている。

問題：
円周上にある□個の点を直線で結ぶと，円はいくつに分けられるでしょう？

問題を提示すると，子どもたちは表に数字を書き込んでいく。それと同時に，円の描かれた紙に子どもたち自らが点をかき込み，分割された数を数えていく。

子供たちは，次のように線をかいて確かめていた（点が2つの時の図は省略）。

算数の活用 12

「先生，点が2個の時は，円は2つに分けられるよ」，「3個の時は4つだ」と言う声が続く。

点が4個の時を数え始めた子が，「あっ，8つになった！　きまりが見つかったような気がする」と言った。

円周上の点が3個の場合〜4分解

その子は，すこし急いで点が5個の時の数を数え始めている（次図）。

それを次のような表にまとめて，「きまりが分かった！」と大きな声で言った。

円周上の点が4個の場合〜8分解

点の数	2	3	4	5
分けられた数	2	4	8	16

私は，ほとんどの子が表を完成させたのを見計らって，「じゃ，点の数が6個の時，円はいくつに分けられるかな？」と尋ねた。

円周上の点が5個の場合〜16分解

クラスのほとんどの子が「32個！」と答えた。「じゃ，本当に32個に分けられるか試してごらんなさい」と続ける。

実は，子どもたちが適当につけた点を結んでも，正六角形がかけることはほとんどない。このような六角形を分割すると，数は「31個」になってしまうのである。

実際に作業をしている子どもたちは，「あれっ！　おかしいな？」とか「31個になっちゃった！」などという声が次々に上がった。

このようにして，時には「見通し（予想）」を実際に確かめることの大切さや修正するこの必要性を意識させることもある。

これが例外的な事例であることをしっかりと伝えたうえで……。

以上のように，実際にできないことを，決まりを見つけて予想したり，その予想を修正してさらに精度の高いものへとしたりしていく。私は，このような活動が，算数を日常生活に生かす活動の一つだと捉えている。

CHAPTER 2　算数の活用　その能力を拓く

算数の活用 13

活かされている場面を基に，授業を創る

新潟大学教育学部附属新潟小学校　志田倫明

1　算数を問題解決に活かしている場面を探す

　算数が生活に活かされる場面とはどのような場面か。

　周囲に問うてみると「買い物をするとき」「料理をするとき」などの場面を挙げる人が多い。しかし，こうした計算や計測は，現在の生活ではほとんど機械で行われるものである。私は，人間だからこそ問題解決に活かすことができる場面を想定したい。まずは，身の回りから，算数を問題解決に活かしている場面を探してみてはどうだろうか。

　私が見付けた1事例を紹介する。勤務校で歯科検診を行われているときのことだ。全校児童を1年生から始めて3時間で終える計画で，当時担任をしていた6年生の順番はかなり後の方だった。「みんなは予定だと11時30分スタートだけど，いつ呼ばれるかは分からない。前のクラスが終わり次第声がかかるから」と子どもに説明した。2時間目が始まるとき，ある子どもがにこにこして「先生，きっと11時頃に声がかかりますよ」という。半信半疑だったが，本当に11時頃に声がかかったとき，彼はヒーローになった。

2　算数を活かす時に必要なポイントを考える

　では，彼はどのように算数を活かすことで，時間を言い当てることができたのだろうか。そのポイントを考えてみた。

①できる限り正確な判断が必要な目的をもつこと

　実は，彼にはどうしても時間を確かめる必要があった。11時30分からの4時間目の授業が大好きな体育だったのだ。この時刻までに検診が終わり，

体育の時間が確保できるのか，彼にとって切実な問題だったのだ。少しでも正確に判断する必要がある場面こそ，算数を活用しようとする思考が働く。

②正確に判断するための情報を自分で選びだすこと

　彼は，1時間目が終了したとき，歯科検診の様子を何気なく見に行っていた。そして，その時点では1年生の最後のクラスが終わり，2年生に声がかかったばかりの状況であることを目にした。時刻は9時25分。各学年の児童数は約80人でほぼ同数，これらの情報を自ら獲得し，下のように声がかかる時刻を予想したのだ。

	1年生	2年生	3年生	4年生	5年生	6年生
開始時刻	9時	9時25分	9時50分	10時15分	10時40分	11時05分
終了時刻	9時25分	9時50分	10時15分	10時40分	11時05分	11時30分

　太線枠の既知情報から，リトルの法則といえる法則を見い出し，未知のことを予想することに算数を活用していた。

③確認や修正を加えて，確からしさを得ること

　彼は，2時間目の開始時に，11時頃に声がかかることを予言した後，2時間目終了後にも，再度歯科検診の様子を見に行っていた。自分の予想と実際の進行状況にずれがないか，途中段階を確かめたのだ。10時10分の段階で，4年生が始まったところ。少しだけ早いが概ね予想通り進んでいることを確認し，予想通りくるだろうと確信した。もし，予想と時刻がずれていたら，新たな情報を基に修正を加え，より確からしい予想をたてている。

3　「算数を活かす」力を育成する授業

　算数が活かされている場面から考えたとき，授業づくりの方向は二つあると考える。一つは，このような生活場面そのものを教材化し，授業で扱うこと。もう一つは，学習場面で前述①〜③のポイントを意識した授業を行うことである。後者について6学年「比」の授業で，具体的な働き掛けを述べる。

CHAPTER 2　算数の活用　その能力を拓く

①状況から，その目的を考えさせる

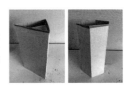

　500 mLのジュースと，2つの種類（周りの長さが等しい正三角形と正六角形）のコップを説明しながら提示し，次のように黒板に書く。
　「ジュースを，2つのコップに同じ高さになるまで注ぎきります」
　求答文を提示する前で区切り，この状況の目的を考えさせる。
T「どうして，同じ高さになるように注いだと思う？」
C「同じ量にしようとしているんでしょ。不公平になるから」
C「友達や兄弟で分け合うとき，どちらかが多いともめるでしょ」
　子どもは自分の生活経験と関連づけて，その目的を明らかにするとともに，判断しなければならないことを話題にしていく。
C「でも，これ同じ高さだからって，同じ量なの？　違うんじゃない？」
C「周りの長さも高さも等しいから，同じ量だよ。だって円のときは等しいでしょ」
C「底面は正三角形より正六角形の方が広そうに見える。正方形と長方形は周りの長さが等しくても面積が違う場合があったよ」
　わずか5分ほどのやり取りだが，こうして「2つのコップには，それぞれ何mL入っているか」と，正確な判断が必要な目的を明らかにした。

②条件過多・不足の状況から，解決に必要な情報や解決方法を問う
　解決に必要な条件を充分に提示しないまま，解決方法を問う。必要な情報を自分で選び取らせるためである。
C「体積を求めればいい。だから，底面積と高さが知りたい」
C「底面積が分かればいい。500 mLを底面積の比で分ければ解決できる」
C「高さはいらないよ。周りの長さが分かっているから，底面積は出せそう」
　こうしてジュースの量の求めるために，底面積の関係を比で表わすという解決の方向が定まった。子どもは，正三角形の1辺を4 cm，正六角形の1辺を2 cmと仮定して，底面積の比を求め始めた。

算数の活用 13

128

③**解決に取り組ませ，自ら修正させる**

　しばらくすると「面積が求められない」と言い出した。
C「正三角形は，3辺の長さは分かるけど高さが分からない」
C「正六角形は，真ん中で分けると台形が2つになる。1辺2cmだから上底は2cm」
C「台形が1辺2cmの正三角形3つ分と考えると下底が4cmだ」
C「でも高さが分からない。じゃあ，どうすればいいの？」

図1

　解決できると思っていた方法が，行き詰まった。面積の関係を比に表わしたいのに，面積が求められない。このように行き詰まることが教師には見えていても，子どもが考えたことはあえて取り組ませる。生活場面にはこのようになかなか正解にたどり付けないことの方が多いのだ。「したいのにできない」「できそうなのにできない」という場面に出合わせることで，子どもは方法の修正を余儀なくされる。この場面では，図1で正六角形の中に見えた小さな三角形を単位とする方法に修正した。正三角形は4つ分，正六角形は6つ分なので，4：6になることを導き，500 mLを4：6に分けることで正三角形には200 mL，正六角形には300 mL入っていることを明らかにした。

4　まとめとして

　現場にいると，「日常生活に活かす」とはどういう意味か，どうすれば活かせるのか等，意味や方法を誰かに求めてしまいがちになる。しかし，それは身の回りの生活場面の中にある。活かされている場面を探し，算数を活かすために必要なことは何かを見いだし，授業づくりに活かそうというのが私の考えである。そして，私なりに見いだした3つのポイントについて述べたつもりである。

　このようなポイントとなる姿は，教師の想定外で表れることもある。大切にしたいのは，教師が常にポイントを意識しながら，授業中に子どもにその姿が表れたときに寄り添い，価値付ける覚悟をもちつづけることである。

CHAPTER 2　算数の活用　その能力を拓く

算数の活用 14

数の力を活用する

大阪府豊中市立大池小学校　直海 知子

1　数字は言葉より雄弁である

　私たちの生活は多かれ少なかれ数に影響されている。例えば，最近の関西大手塾のチラシは，下のようであった。

```
┌─────────────┐        ┌─────────────┐
│ A 塾        │        │ B 塾        │
│ 大阪府公立   │        │ トップ 10 校 │
│ トップ 10 校 │        │ 全員合格     │
│ 合計 No.1   │        │ 100% 合格   │
└─────────────┘        └─────────────┘
```

　トップ 10 校，No.1，100 ％と言う数字が躍る。このチラシを見るとどちらの塾も「すごいな。通ったら合格できそうだな」と皆思うだろう。

　しかし，塾に在籍している人数，実際の合格人数は明らかにされていない。したがって数値の根拠は全く不明なのだ。都合のいいデータだけ示されていると言っていいだろう。他にも

『100 人中 90 人がこちらの商品を選んでいます』

『6 秒に 1 本売れています』

『誰でも 30 日間で必ずやせる！』

などのキャッチフレーズに人は心を動かされてしまう。100 人がどのような集団なのか分からないし，6 秒はある短い期間を切り取った 6 秒である可能性もあるし，30 日間やせるためにどんなことをするのか内容は不明なのだ。

　まさに数字を使ったマジックであると言える。

2 6秒に1本売れたシャンプーはすごいのか?

　数字のマジックの背景に目を向けるため,

> 6秒に1本売れているシャンプーは本当にすごいのか?

を6年生で考える授業をした。
「すごく売れているシャンプーだな。どんなシャンプーだろう?」
　まず,子どもたちに「6秒に1本」はどのように調べたと思うか聞いた。
「ストップウォッチで測っていたのかな」
「それは無理だろう。1つの店だけではないだろう」
「1日で売れた数を基に計算したのでは?」
「6秒に1本だから,1分間では10本,1時間では600本……」
「ドラッグストアは10時間営業しているとしたら,1日に6000本売れったって言える」
「でもそんな夜遅くまでずっとシャンプーが6秒に1本売れるわけがない」
「平均じゃない?」
「じゃ,平均6秒に1本売れるシャンプーって書かないとおかしいやん」
「売り始めてからの時間と売れた数から計算しているのではないかな?」
「例えば3日間を秒に直すと,$60 \times 60 \times 24 \times 3 = 259200$秒,$259200 \div 6 = 43200$だから3日間で43200本売れたとしたら,6秒に1本売れたって言える」
「$43200 \div 3 = 7200$だから,1日で7200本ってことか」
「1番売れた時間帯だけで計算しても6秒に1本って言えるのでは?」
「つまり,これだけの情報では分からない」
「でも普通はここまで考えないよね。ついたくさん売れているんだなって思ってしまう」

　数の根拠を考えることで,数字のマジックのからくりを見つけ,数の与える影響を共有した。また,数の見せ方によって人にアピールできることから,自分たちも数を使って,他人にアピールをしてみようと呼びかけた。

CHAPTER 2　算数の活用　その能力を拓く

3 委員会活動で数のマジックを活用しよう

> 委員会活動で数を活用して，啓発ポスターを作ろう

　ちょうど，委員会活動を主体的で計画的な活動にしたかったところである。まず，事前に巧みに数を使ったチラシを集めておき，なぜこの数値に影響を受けたのか，そして数の根拠についてグループで話し合う。次に数の見せ方を模範にし，委員会活動に関連したポスターを作る企画を立てた。

　①委員会で啓発の内容を決める。（目的を考える）

　②効果的な数の使い方を考える。

　③データを集める。（根拠のない数を使うことはウソになるので禁止）

　④数を使ってキャッチフレーズを考え，ポスターを作成する。

　以下が各委員会で子どもたちが考えた企画である。

○保健委員会

①石けん手洗いの推奨

②手洗い前と水だけ手洗い，石けん手洗いでよごれがどれだけ落ちるかを割合で表す

③石けん会社の情報で調べる。

> 手のよごれ……水だけだと 45 ％　石けんでは 93 ％落ちます！
> 石けんで手洗いしよう！

○給食委員会

①残菜を減らす

②残菜量の重さを分かりやすいように，バケツ何倍分で表す。

③給食センターに 1 週間分の残菜量を問い合わせてバケツに換算する。

> 5 日間でバケツ 17 はいの給食がすてられています！
> 給食をのこさず食べよう！

算数の活用 14

○生活委員会

①廊下を走らないように喚起する。

②『10人に何人が走っていたか』の表現で表す。

③20分休憩に廊下の通行状況を調べる。

> なんと10人に3人もろうかを走っていました。
> 0人を目指しましょう！

○図書委員会

①物語の貸出冊数の年々減少している。増加するように呼びかける。

②昨年で1番貸出冊数が少なかった月と一昨年で1番多かった月の冊数の差
を数で表す。

③図書館司書の先生にデータをもらう。

> 62さつへっています！
> ものがたりを読もう！

　これらのキャッチフレーズをもとに絵や写真を加えポスターを完成させ，校内に張り出した。

　子供たちはこの活動を通して，身の回りにある数について関心を持ったようだ。

　「ペットボトル飲料水にレモン50個分のビタミンCが入ってるって書いていたけど，1日に必要なビタミンCはレモン5個分なんだって！」

　と早速調べてきた子供もいた。

　印象的な数でも，それがどのようなデータから出てきた数なのか批判的に見る姿勢が大切である。

　また，その数の力を利用することにより，単純かつ明確に表現できるという経験をしていってほしいと思う。

CHAPTER 2　算数の活用　その能力を拓く

算数の活用 15

日常生活と算数授業の共通点
~この２つから見えてきたことは何か？~

東京都豊島区立高南小学校　河内　麻衣子

1　大縄跳び大会から見えてきた算数

　5学年を担任していた時である。全校で大縄跳び大会が開かれるということで，クラスでは3分間で300回跳ぶことを目指して練習に取り組んでいた。「1分間で100回跳べるようにすれば良いのだから……」と単純に計算し，クラスのみんなで確認をするものの，子供たちの中には大縄を跳ぶことが苦手な子もおり，どのような跳び方をしたら回数が増えるのか話し合いが進められた。以下の2点が話し合いの中心となった。①どの場所で跳ぶ方が良いのか。②跳んだ後，どうやって縄を抜ける方が良いのか。①に関しては「縄が地面に着く所で跳んだ方が良い」という意見が出された。根拠を尋ねると，「縄が地面に着く所で跳ぶと縄の半円の半径で跳ぶ

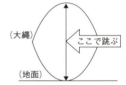

ことになり，長さが長いから，縄に足が引っ掛かりにくい。また，縄の高さもあるから頭が引っ掛かりにくく跳びやすいのではないか」ということだった。②に関しては，跳ぶ人は跳び終わったらすぐに縄から抜ける，ということが提案された。この2つについて休み時間に実際に跳ぶことになった。

【①についての検証】
　地面にバツ印を書くことでそこに持ち手は縄を当てることにした。また，跳ぶ方もそのバツ印が書かれた所でなるべく跳ぶように心掛けた。

【②についての検証と新たな問題点の発見・修正】
　実際に跳んでみると，縄が回っているすぐ横から跳び始める者や走り抜けずに両足で跳ぶ者もおり，跳び方が不揃いであることに気が付いた。問題点

が見つかったことにより，改めて跳び方が見直された。「跳び方が不揃いであるよりも走り抜ける方向が一緒の方が，みんなが揃っていて跳びやすくなるのではないか」と提案する子供が現れた。また「バツ印からの距離が短い方が良いのではないか」という発言に賛同する声が多い。では，どうするのか，みんなで考えた。図1のようにみんなが斜め

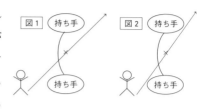

の線のように走り抜ければ良いのではないか，という案が出され，バツ印を通る斜めの直線が地面に書かれた。しかし，この図1だとまだ縄を走り抜ける距離が長いと実際に跳んでみて実感した子供たち。そこで，図2のように，もう少し持ち手のそばを走り抜けた方が良い，という案が出された。これにはみんなが納得。地面にバツ印を通る斜めの直線を描き，実践することになった。以前より，動きが速くなったと子供たちは実感したようだった。

【①についての修正】

　早く跳ぶには持ち手と持ち手の距離を短くした方が良いのではないか，という新たな提案がある子供から出された。全体的に小さくまとまった方が無駄な動きが少なくなると考えたそうだ。そこで，縄が地面に着くところにバツ印を書くと同時に，持ち手と持ち手の距離を短くすることが修正され，練習をしていった結果，257回まで記録を伸ばすことが出来た。

【算数の教科としての視点から大縄跳びの練習を見直してみると……】

　この大縄跳び大会に向けての練習する子供たちの様子からは，子供たちに「算数で習ったことを日常生活で使いなさい」と言わなくても，自然に算数の学習を活用していることが分かる（円の直径，長さ・距離など）。

　では，子供たちの思考過程としてはどうだろうか？

（1）問題に直面：大縄跳び大会の記録を伸ばすためにはどうしたらよいか。

（2）仮説を立てる：○○のように跳べば良いのではないか。

（3）検証する：仮説を立てたことを実際に行ってみる。

CHAPTER 2　算数の活用　その能力を拓く

（4）**新たな問題の発見**：実際に取り組んでみると，考えていたことと違っていた。ズレがあった。

（5）**修正・解決**：問題解決のためのより良い方法を見出し，解決する。

このような事実から，子供たちは日常生活で問題場面に直面した際，物事を客観的に捉え，順序立てて考えようとしているのかもしれないと感じた。

そして，日常生活に生かすということは，今までの知識と関連づけて考えることが出来ることが重要だと考えると同時に，子供たちの思考過程を育てることが出来る教科の1つが算数科であると実感した。

2　子供たちに迫っている社会的な状況

2045年頃にはコンピュータが人間の知能を超えてしまう「シンギュラリティ（技術的特異点）」が起きて，人工知能（AI）が人に代わって仕事をするようになる，と言われている。その結果，多くの人が職を失うと予測されている。しかし，今どんな問題が起きていてそのためにどんなプログラムが必要なのか考え，さらにその問題にあったプログラムを創造できなければならない。それが出来るのは，おそらく人間だろう。また，人の気持ちを理解できるような人と接するような仕事もAIには出来ない。このことから，今の子どもたちが身につけなければならない力は論理的に考える力や創造する力，コミュニケーションする力だと言える。

3　算数で身につけていくには？

5学年の「図形の面積」の学習後，ある子どもが私に話しかけてきた。「先生，平行四辺形の面積を求める時には長方形に変えたでしょ。三角形の面積も平行四辺形にして考えたよね。台形だって平行四辺形。円の面積も何かの図形に変えることが出来ると思うんだよね」と。この子どもは既習の内容から新たな図形に目を向け，「円の面積も何かの図形に変えることが出来ないか？」という問題を自ら設定し，考えようとしていることが分かる。そこで

算数の活用 15

この考えを生かして，6学年の「円の面積」の学習で取り組むのはどうか，と他の子供たちに提案した。「賛成」の声。みんなで取り組むことになった。円の面積をどんな図形に変形することが出来るのか予想を立てた。

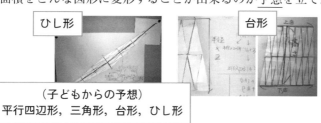

（子どもからの予想）
平行四辺形，三角形，台形，ひし形

　ひし形にするのは難しいのではないか，という意見が出されたが，それぞれが変形したいと思う図形を選んで取り組んだ。

　ひし形を作った子供は，始めは円を16等分した物を使ってひし形を作ろうとし，失敗したが円をもっと多く分割したら作れるかもしれないと修正し，32等分した物でひし形を作ることが出来た。そして，図形を変形した後，変形した図形の既習の公式に基づいて，円の面積とどのように繋がっているのか，友達と互いに色々な考えを出し合いながら解明していった。

　算数の学習では，既習の内容に基づいて，そこから考えられることが何かを創造し，実際に取り組むことが大事であると考える。この活動でも子供たちは「問題設定→予想→失敗・修正→解明」と取り組んでいることが分かる。また，一人の問題発見ではあったがそれに賛同し，一緒に共有しようとする子供たちの姿があった。

　日常生活に生かせる力は，日頃から，色々な知識と関連付け，論理的に解決することを算数の授業の中で繰り返し体感し，友達と一緒に学ぶことで，養われていくのではないかと考える。

[参考資料]
神野元基（2017）．人工知能時代を生き抜く子どもの育て方．ディスカヴァー・トゥエンティワン．茂木健一郎．竹内薫（2017）．10年後の世界を生き抜く最先端の教育；日本語・英語・プログラミングをどう学ぶか．祥伝社．

■ 執筆者一覧（執筆順）

田中	博史	筑波大学附属小学校
小松	信哉	福島県教育庁義務教育課
山本	良和	筑波大学附属小学校
間嶋	哲	新潟市立新津第三小学校
工藤	克己	青森県東北町立甲地小学校
永田	美奈子	雙葉小学校
加固	希支男	東京学芸大学附属小金井小学校
宮本	博規	熊本市立白川小学校
尾﨑	正彦	関西大学初等部
中田	寿幸	筑波大学附属小学校
江橋	直治	国立学園小学校
樋口	万太郎	京都教育大学附属桃山小学校
中村	潤一郎	昭和学院小学校
盛山	隆雄	筑波大学附属小学校
藤本	邦昭	熊本市立飽田東小学校
夏坂	哲志	筑波大学附属小学校
柳瀬	泰	東京都三鷹市立高山小学校
前田	一誠	IPU・環太平洋大学
森本	隆史	筑波大学附属小学校
平川	賢	千葉大学教育学部附属小学校
岡田	紘子	お茶の水女子大学附属小学校
大野	桂	筑波大学附属小学校
山田	剛史	東京都墨田区立二葉小学校
毛利	元一	東京都教育庁指導部
佐藤	純一	国立学園小学校
中村	浩司	山口県美祢市立秋吉小学校
千々岩	芳朗	福島県赤村立赤小学校
尾崎	伸宏	成蹊小学校
熊谷	純	青森県三沢市立三沢小学校
志田	倫明	新潟大学教育学部附属小学校
直海	知子	大阪府豊中市立大池小学校
河内	麻衣子	東京都豊島区立高南小学校

■ 全国算数授業研究会

会　　長	田中　博史	筑波大学附属小学校
常任理事	大野　桂	筑波大学附属小学校
	尾﨑　正彦	関西大学初等部
	佐藤　純一	国立学園小学校
	盛山　隆雄	筑波大学附属小学校
	中田　寿幸	筑波大学附属小学校
	夏坂　哲志	筑波大学附属小学校
	前田　一誠	IPU・環太平洋大学
	毛利　元一	東京都教育庁指導部
	森本　隆史	筑波大学附属小学校
	柳瀬　泰	東京都三鷹市立高山小学校
	山本　良和	筑波大学附属小学校

算数授業研究シリーズ 27

授業改革の二大論点
算数の活動・算数の活用

2018（平成 30）年 8 月 8 日　初版第 1 刷発行

企画・編集：全国算数授業研究会
発　行　者：錦織圭之介
発　行　所：株式会社　東洋館出版社
　　　　　　〒 113-0021　東京都文京区本駒込 5 丁目 16 番 7 号
　　　　　　営業部　電話 03-3823-9206　FAX　03-3823-9208
　　　　　　編集部　電話 03-3823-9207　FAX　03-3823-9209
　　　　　　振　替　00180-7-96823
　　　　　　U R L　http://www.toyokan.co.jp
装　　　丁：小口翔平＋喜來詩織（tobufune）
本文デザイン：竹内宏和（藤原印刷株式会社）
印刷・製本：藤原印刷株式会社

ISBN 978-4-491-03569-7
Printed in Japan

JCOPY ＜(社)出版者著作権管理機構　委託出版物＞
本書の無断複写は著作権法上での例外を除き禁じられています。複写される場合は、
そのつど事前に，出版者著作権管理機構（電話 03-3513-6969，FAX 03-3513-
6979，e-mail: info@jcopy.or.jp）の許諾を得てください。

全国算数授業研究会 企画編集の 算数授業研究シリーズ 24

子どもの学力差に向き合う算数授業のつくり方

学力差はなぜ広がっているのか？
この問題に対して、どのような手立てが必要か？

計算が苦手、ノートづくりが苦手／自分の考えがもてず友達の意見を聞いてばかり／「活用力が大切」と言うけれど…この様なとき、授業でどのように対応しますか？子どもたちの学力差に向き合うための具体的な手立てを、計20本の授業実践を通して紹介。さらに、12本の活動とアイデアつき。

本体価格 1,900円+税

東洋館出版社　がんばる先生を応援します！

〒113-0021 東京都文京区本駒込5丁目16番7号
TEL03-3823-9206　FAX03-3823-9208
http://www.toyokan.co.jp

全国算数授業研究会 企画編集の **算数授業研究シリーズ25**

算数授業アクティブ化ハンドブック

第1章　子どもの興味を引きつける導入	第4章　定着につながるまとめ
第2章　子どもが1人で考える時間	第5章　板書・ノートの指導
第3章　考えを深める話合い	

日本の算数教育は一貫して自発的、能動的、探究的な子どもの育成を目指してきたにも関わらず、なぜ改めてアクティブ・ラーニングを掲げなければいけないのか。問題解決に向かう子どもの様相に焦点を当てた4つの視点で、アクティブな子どもの姿を引き出すポイントが見えてくる授業実践を紹介。

本体価格 2,000円+税

東洋館出版社　がんばる先生を応援します！

〒113-0021 東京都文京区本駒込5丁目16番7号
TEL03-3823-9206　FAX03-3823-9208
http://www.toyokan.co.jp

全国算数授業研究会 企画編集の 算数授業研究シリーズ 26

第1章
**数学を意識すると
何が変わるか**
「資質・能力」
「数学的な見方・考え方」
「数学的活動」

第2章
**新学習指導要領のキーワードで
授業をこう変える**
「日常に算数を生かす」
「問題発見の力」
「振り返り」
「学びに向かう力」

第3章
新領域・新内容をこう教える
「図形」
「割合」
「統計」

本体価格 1,900円+税

新学習指導要領の改革のキーワードをこう実現する!!
「資質・能力」「数学的な見方・考え方」など、平成29年度告示の新学習指導要領のキーワードに焦点を当て、それを実現する授業を提案する! 本書とセットで読みたい一冊。

東洋館出版社 がんばる先生を応援します！

〒113-0021東京都文京区本駒込5丁目16番7号
TEL03-3823-9206　FAX03-3823-9208
http://www.toyokan.co.jp